CONTENTS

1. 컴퓨터그래픽스운용기능사 실기 시험 준비하기

1) 시험 응시 자격요건 · 02

2) 시험 일정 확인 · 02

3) 시험 접수 절차 · 03

4) 실기시험 출제범위 · 05

5) 마음을 가다듬고 실기시험을 준비해볼까요? · · · · · · · · · · · · · 05

6) D-day! 실기시험은 이렇게 진행됩니다. · · · · · · · · · · · · · · · 07

7) 합격에 한걸음 더 가까워지는 필살비법전수 · · · · · · · · · · · · · 09

2. 컴퓨터그래픽스운용기능사 시험관련 Q&A

10

3. 컴퓨터그래픽스운용기능사 실기시험 기출문제 동영상강의

화면설계기획서 · 17

제1회 · 포스터디자인 (CS6 한글) · · · · · · · · · · · · · · · · · · · 38

제2회 · 포스터디자인 (CS6 한글) · · · · · · · · · · · · · · · · · · · 45

제3회 · 포스터디자인 (CS3 영문) · · · · · · · · · · · · · · · · · · · 51

제4회 · 포스터디자인 (CS3 영문) · · · · · · · · · · · · · · · · · · · 56

제5회 · 전단지디자인 (CS6 한글) · · · · · · · · · · · · · · · · · · · 62

제6회 · 북커버디자인 (CS6 한글) · · · · · · · · · · · · · · · · · · · 69

제7회 · 포스터디자인 (CS3 영문) · · · · · · · · · · · · · · · · · · · 74

제8회 · 포스터디자인 (CS3 영문) · · · · · · · · · · · · · · · · · · · 79

제9회 · 포스터디자인 (CS6 한글) · · · · · · · · · · · · · · · · · · · 84

제10회 · 광고디자인 (CS6 한글) · · · · · · · · · · · · · · · · · · · 89

1. 컴퓨터그래픽스운용기능사 실기 시험 준비하기

 ## 1. 시험 응시 자격요건

컴퓨터그래픽스운용기능사 자격증은 한국산업인력공단에서 실시하는 **기능사 급의 자격시험으로 응시에 필요한 특별한 자격요건은 없습니다.**
한국산업인력공단에서 실시하는 일부 자격증은 시험 응시 요건에 학력, 전공, 해당 업무에 대한 경력 근거자료가 필요한 경우도 있습니다.

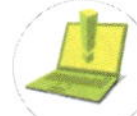 ## 2. 시험 일정 확인

컴퓨터그래픽스운용기능사는 한국산업인력공단에서 실시하는 타 기능사 시험과 일정이 동일합니다. **연간 5회의 필기/실기 시험이 실시**됩니다만 3회차 시험에는 일반인이 응시할 수 없습니다. 시험을 준비하기 위해서는 정확한 시험일정을 확인하고 그에 맞게 수험 계획을 수립하는 것이 컴퓨터그래픽스운용기능사 시험을 준비하는 첫 단계라고 할 수 있습니다.

아래의 표는 2013년 멀티미디어콘텐츠제작전문가 시험 일정입니다. 매년 비슷한 시기에 시험을 보게 되니 시험을 준비할 경우에는 한국산업인력공단 홈페이지(http://www.q-net.or.kr)를 참고하여 일정을 확인할 수 있습니다.

년도별/ 회 별	필기시험 원서접수 〈인터넷〉	필기시험	필기시험 합격 (예정)자 발 표	실기시험 원서접수 〈인터넷〉	실기시험	합격자 발표
2013년/ 제1회	2013. 01. 04 – 2013. 01.10	2013. 01. 27	2013. 02. 15	2013. 02. 18 – 2013. 02. 21	2013. 03. 16 – 2013. 03. 29	2013. 04. 19
2013년/ 제2회	2013. 03.15 – 2013. 03. 21	2013. 04. 14	2013. 04. 26	2013. 04. 29 – 04. 30/ 05. 02 – 05. 03 (05. 01 제외)	2013. 05. 25 – 2013. 06. 07	2013. 06. 28
2013년/ 제3회	전문계고등학교(이에 준하는 각종학교 포함) 필기 시험면제자 검정 ※일반인 필기시험 면제자는 제외			2013. 05. 06 – 2013. 05. 09	2013. 06. 15 – 2013. 06. 28	2013. 07. 19
2013년/ 제4회	2013. 06. 28 – 2013. 07. 04	2013. 07. 21	2013. 08. 02	2013. 08. 05 – 2013. 08. 08	2013. 08. 31 – 2013. 09. 12	2013. 10. 04
2013년/ 제5회	2013. 09. 27 – 10. 02/10. 04 (10.03 제외)	2013. 10. 12	2013. 10. 25	2013. 10. 28 – 2013. 10. 31	2013. 11. 23 – 2013. 12. 06	2013. 12. 27

■표1 2012년 국가기술자격검정 시행기관(지역) 지정현황–출처: 큐넷

 필기시험 합격 후 2년간 필기시험이 면제됩니다. 따라서 매년 1회 필기시험에 합격하시면 당해 실기시험 1회부터 다음해 4회까지 총 7~8번의 응시기회가 주어집니다. 단, 실기시험 실시일자가 필기면제기간에 해당되지 않으면 다음해 5회 실기시험에 응시하기 위해서 필기시험을 다시 봐야 합니다.

3. 시험 접수 절차

❶ 지역별 시험장 확인

2007년도부터 한국산업인력공단(http://www.q-net.or.kr)에서 실행하는 모든 국가자격증 시험은 인터넷으로만 접수만 가능합니다. 우편접수나 방문접수는 하지 않으니 시험일정을 정확히 기억하고 있어야 합니다. 요즘은 스마트폰용 시험일정 앱도 나와 있으니 참고하시기 바랍니다.

필기시험은 접수 시작일로부터 보통 일주일간 인터넷으로 접수를 받게 되며, 실기시험은 단 4일간만 접수를 받습니다. 필기시험의 경우는 일반시험장에서 시험을 실시하므로 접수가 늦어도 큰 문제는 없으나, 실기시험의 경우에는 접수시작일에 접수를 하지 못하게 되면 응시인원초과로 시험을 보지 못하거나 교통이 불편한 시험장에 배정받는 경우가 종종 있으므로 반드시 시험접수일을 기억하고 접수시작일에 바로 접수하기 바랍니다.

종목명	서울	동부	남부	강원	강릉	경인	경기	경기북부	성남	부산	부산남부	경남	울산	대구	경북	포항	광주	전북	전남	목포	제주	대전	충북	충남
컴퓨터그래픽스운용기능사 (일반)	○	○	○	○	○	○	○	○	○	○	○	○	○	○	○	○	○	○	○	○	○	○	○	○
컴퓨터그래픽스운용기능사 (Mc)		○	○		○	○				○				○			○					○		

■표2 2012년 국가기술자격검정 시행기관(지역) 지정현황—출처: 큐넷

❷ 시험장 설치 프로그램 확인

실기시험 응시자가 시험 접수 시 반드시 확인할 사항이 있습니다. 컴퓨터그래픽스운용기능사 실기시험은 포토샵, 일러스트레이터, 인디자인(혹은 페이지메이커) 등의 프로그램을 주로 사용하게 되고 본 수험서에도 3가지 프로그램만 사용하여 문제풀이를 합니다. 매킨토시 사용자들을 위한 시험은 맥용 포토샵, 일러스트레이터, 인디자인(혹은 쿼크익스프레스)을 사용합니다.

전국 시험장에 설치된 프로그램들을 확인해보면 실기시험장마다 프로그램의 버전이 달라서 시험당일 낭패를 보게 되는 경우가 있습니다. 또한 시험 준비는 영문 버전의 프로그램을 사용했는데, 시험장에는 한글 버전의 프로그램이 준비되어 있다면, 이질감으로 인해 시험을 망칠 수도 있습니다.

따라서 실기접수를 신청할 때 수험생이 원하는 시험장소를 결정할 수 있는데, 이 때 해당 시험장의 전화번호를 확인할 수 있습니다. 따라서 실기접수신청을 급하게 끝내지 말고, 먼저 해당 시험장에 전화를 해서 설치되어 있는 프로그램의 버전이 무엇인지 반드시 확인을 해야 합니다. 큐넷 홈페이지에도 시험장 프로그램 정보를 공개('시설 장비 현황' 검색어)하는데, 확인해보면 다소 다를 수도 있습니다.

수도권의 경우 시험장이 여러 군데 있는 경우라면 집에서 좀 멀더라도 자신에게 유리한 프로그램 버전이 설치되어 있는 시험장을 선택하는 것이 바람직하겠지요.

공식적으로 시험장에는 수험자가 자신이 사용할 프로그램을 가지고 가서 설치한 다음, 시험 후에 자진삭제하면 된다고 하지만, 해당 프로그램은 반드시 정품CD로 설치해야 한다는 조건이 있습니다. 즉, 인터넷에서 요즘 쉽게 구할 수 있는 불법복제 프로그램이나, 책을 사면 끼워주는 부록시디에 담긴 체험버전 등은 설치할 수 없다는 뜻입니다. 정품 프로그램을 준비해간다 한들 사실 설치할 시간을 따로 주지 않으므로 본인이 프로그램을 준비해서 간다는 것은 거의 불가능하다고 볼 수 있습니다.

그럼 자격증 시험 접수 절차에 대해서 알아보도록 하겠습니다.

아래 이미지는 이미 수험생 여러분이 필기시험 접수할 때 방문했던 큐넷 홈페이지입니다. 시험 접수에 관한 자세한 사항을 확인하시려면 홈페이지 좌측 하단의 "Q-net 길라잡이" 배너이미지를 클릭하시면 시험 절차에 대한 자세한 안내를 받을 수 있습니다.

■그림1 -출처: 큐넷

1) 로그인 ▶ 2) 원서접수 ▶ 3) 원서작성 ▶ 4) 결제하기 ▶ 5) 수험표 출력 ▶

실기시험은 본인이 필기시험에 면제자에 해당되거나 필기시험에 합격자인 경우에만 응시가 가능하며, 컴퓨터그래픽스운용기능사 자격증은 응시자격조건이 없으므로 필기합격 후 응시자격 제출서류 필요 없이 바로 실기접수를 할 수 있습니다.

구분	자격검정 원서접수 취소시 환불 적용기간 안내 (환불처리 유효기간 : 당해시험일로부터 4일 전까지)						
적용 기간	〈접수기간중〉	〈접수기간후〉	〈시험시행4일전〉				당해시험일
			4일	3일	2일	1일	필기:시험당일 실기:회별시험 시작일
환불 적용율	접수 취소시 환불:100%	접수 취소시 환불:50%	환불(취소)불가				

■표4 2012년 국가기술자격검정 시행기관(지역) 지정현황-출처: 큐넷

부득이한 개인사정으로 원서접수나 결제 후 취소를 하여야 할 경우가 있다면, 홈페이지 좌측 하단의 [환불정보]를 클릭하시면 자세한 사항을 안내 받을 수 있습니다.

4. 실기시험 출제범위

직무 분야	문화·예술·디자인·방송	중직무분야	디자인	자격 종목	컴퓨터그래픽스운용기능사	적용 기간	2012. 1. 1 ~ 2016.12.31

○직무내용 : 디자인에 관한 기초지식을 가지고 시각디자인과 관련된 광고, 편집, 포장디자인 등의 원고지시에 의한 컴퓨터 활용을 능숙하게 수행하는 직무
○수행준거 : 1. 원고의 내용에 따른 작업방법을 선택할 수 있다.
　　　　　　2. 원고의 내용에 따른 특성을 파악하여 적합한 그래픽 툴을 선택할 수 있다.
　　　　　　3. 컴퓨터와 그래픽 프로그램을 사용하여 그래픽 작업을 할 수 있다.
　　　　　　4. 컴퓨터 주변기기를 운용할 수 있다.

실기검정방법	작업형	시험시간	4시간 정도

실기검정방법	주요항목	세부항목	세세항목
컴퓨터그래픽스 운용실무	1. 그래픽운용 작업	1. 컴퓨터 및 그래픽 S/W를 이용한 그래픽운용 작업하기	1.주어진 광고, 편집, 포장디자인 등의 원고에 의한 그래픽 운용 작업, 출력, 마운팅을 할 수 있다.
	2. 과제범위	1. 일러스트레이션	1. 로고, 심볼, 캐릭터 등의 요소작업을 할 수 있다.
		2. 이미지 프로세싱	1. 페인팅, 합성, 리터칭, 보정 등의 요소작업을 할 수 있다.
		3. 편집디자인	1. 문자와 이미지의 편집, 재단선 등의 요소작업을 할 수 있다.
		4. 저장과 출력	1. 작업범위(용량), 파일의 관리 및 저장과 출력을 할 수 있다.

■표5 2012년 국가기술자격검정 시행기관(지역) 지정현황—출처: 큐넷

2012년부터 출제경향이 변경된 실기시험 출제범위입니다. 2011년 이전과 크게 시험문제가 달라진 부분은 없으며 시험에서 사용하는 프로그램의 버전만 상향 조정되었다고 2013년도 큐넷 홈페이지에 공지되어 있습니다.

5. 마음을 가다듬고 실기시험을 준비해볼까요?

필기시험 합격자 발표일로부터 3~4일 이내에 컴퓨터그래픽스운용기능사 실기시험 접수를 시작합니다. 시험일정에서도 확인했듯이 인터넷으로만 접수를 하게 되며, 시험접수 이외에 다른 준비사항은 전혀 없습니다. 단, 시험접수를 4일간만 하게 되므로 되도록 접수 첫날에 접수를 해두는 것이 여러모로 유리합니다. 잊지 마세요!

필기시험 합격자 발표일로부터 보통 30일~45일 이후에 실기시험을 실시합니다. 합격자 발표가 된 다음에 준비하면 사실 준비할 수 있는 시간이 너무 부족하게 됩니다. 따라서 필기시험일 다음날 바로 큐넷 홈페이지에 가답안이 발표되니 시험장에서 가져온 시험지를 채점해보고 합격이 확실하다면 바로 실기시험 준비에 돌입해야 합니다. 단, 실기시험에서 사용하는 프로그램들에 대한 사전 지식이 전혀 없는 경우라면 준비를 서두른다고 해도 개인의 능력에 따라 실기시험 준비 시간이 많이 부족할 수 있습니다.

어느 정도 프로그램들에 대한 사용법이나 이해를 하고 있다면, 기출문제의 유형들을 충분히 연습할 시간적인 여유가 된다고 생각합니다. 시험에 사용하는 프로그램들을 처음 사용하는 경우라면 조금 다른 유형이 출제되었을 때, 당황하거나 응용력 부족으로 시험을 포기하는 경우도 많습니다.

참 걱정되시죠? 본인이 이런 케이스에 해당하는 초보자라면 다음 단계별 준비를 하세요.

포토샵, 일러스트레이터, 인디자인 3권의 매뉴얼 책자를 구입해서 선행학습을 하는 것이 반드시 필요합니다.
특히 포토샵과 일러스트레이터는 시험에서 사용 비중이 90%를 차지하는 아주 중요한 프로그램입니다. 출제자가 응용을 할 수 있는 부분이 많으므로 기본적인 사용법은 반드시 익혀두셔야 합니다.

기출문제 무작정 따라서 해보기
기출문제 1회를 시간에 상관없이 처음부터 끝까지 동영상 강의를 보면서 따라서 해보도록 합니다. 선행 학습한 내용을 떠올려 보면서 문제 풀이는 어떤 순서, 어떤 방식으로 하는지 시험에 대한 개괄적인 개념을 가지는 단계이니 잘 이해가 되지 않더라도 꼭 처음부터 완성까지 해 봐야 합니다.

수험서의 설명글을 읽어보며 정리하기
동영상 강의의 내용을 요약한 설명글을 읽어보며 다시 한 번 작업했던 과정을 떠올려 보고 정리합니다. 여러분 나름대로 간략한 필기를 하여 본인이 부족한 부분이나 이해가 되지 않는 부분 등을 체크하고 저자에게 질문을 해도 되겠죠.

스스로의 힘으로 직접 해보기
한 차례 따라서 만들어본 기출문제를 이번에는 수험서와 동영상 강의를 가능하면 보지 말고 시간에 상관없이 처음부터 끝까지 직접 다 해보 도록 합니다. 이 때 분명히 작업과정에 막히는 부분이 있습니다. 수험서와 동영상 강의를 살짝 보고 힌트를 얻은 다음 계속 진행하세요. 부족 한 부분에 대한 기록을 꼭 해두고, 부족한 부분들은 문제풀이가 끝난 후, 동영상 강의를 보고 확실하게 기억해 두도록 해야겠지요.

나머지 기출문제 풀어보기
남은 기출문제를 반드시 수험서와 동영상 강의를 보면서 따라서 해보도록 하세요. 수험서와 동영상 강의를 보지 않고 막무가내로 하다보면 작업 시간이 많이 걸려서 힘들뿐만 아니라, 이해를 못한 상태에서 답답하기만 할 뿐이지요. 반드시 수험서와 동영상 강의를 보면서 공부하도 록 합니다. 기출문제들은 전체적인 맥락은 같아도 약간씩 다른 기능을 사용하기 때문에 기출문제를 풀어보면서 회차 별로 조금씩 추가된 기 능을 배울 수 있습니다. 또한 프로그램에 대한 응용을 조금씩 더 익힐 수 있습니다. 기출문제별로 풀이방식과 프로그램별 사용 방법을 조금 씩 다른 방법으로 설명하여, 수험생 여러분이 본인에게 가장 잘 맞는 작업 스타일을 스스로 찾을 수 있도록 구성했습니다. 따라서 처음에는 같은 방식의 풀이방법이 아니라서 조금 혼동될 수 있으나 실제 시험에서 응용된 문제가 출제가 되더라도 당황하지 않고 스스로 생각해서 작 업을 할 수 있는 응용력을 기를 수 있도록 했습니다.

혼자서 해보자고요
Step 6까지의 과정을 모두 따라서 해보았다면 이제 수험서를 다 풀어봤죠? 끝난 것이 아닙니다. 이제 다시 시작이죠. 처음으로 돌아가서 수험서의 기출문제를 수험서와 동영상 강의를 보지 말고, 최대한 자신의 힘으로 작업해보도록 합니다. 물론 시간에 상관없이 작업을 하도 록 하세요. 작업이 끝난 결과물은 저자의 메일(ssym4@daum.net)로 보내주세요. 틀린 부분, 부족한 부분에 대한 첨삭지도를 해드립니다. 단, Step6 과정에서 본인이 작업한 결과물을 보내주세요. 제대로 공부하지 않은 상태에서 결과물을 보내주시면 제가 설명을 드려도 이해를 하 지 못합니다.

본 수험서로 시험을 준비하는 과정에서 질문사항이 있다면 언제든지 저자의 이메일(ssym4@daum.net)과 SNS(카카오톡 : ssym4 / 페이스북 : www.facebook. com/yoondledotcom)을 통해서 문의하여 주시길 바랍니다. 강의 시간이나 잠잘 때 빼고는 늘 스마트폰을 곁에 두고 있으니 혹시, 바로 답장이 없더라도 조금만 기다려주세요. 꼭 답변을 드립니다.

6. D-day! 실기시험은 이렇게 진행됩니다.

드디어 실기시험 날이 오고야 말았습니다. 수능시험도 아니고, 국가고시도 아닌데, 그래도 시험이라고 무척 떨리게 될 겁니다. 그동안 열심히 준비해왔는데, 긴장감과 실수로 시험을 망쳐버린다면 무려 6개월을 또 기다려야 하죠!

1) 시험시간에 늦으면 절대로 안 됩니다!

시험시작 전에 반드시 정해진 시 간까지 입실 완료해야 하고 늦을 경우에는 시험장에 입장조차 하지 못합니다. 시험장에는 여유 있게 도착하도록 하고 시험장의 분위기나 화장실 위치 등은 미리 파악해 두세요. 시험장 내에 들어가거나 컴퓨터를 만질 수는 없으니 시험장 밖에서 기다려야 하지만, 커피 한 잔 하면서 마음도 가다듬고 마지막으로 공부하면서 정리했던 메모도 보면서 차분히 기다리면 됩니다. 또 화장실도 미리미리 다녀와야겠죠? 컴퓨터그래픽스운용기능사 실기시험은 4시간동안 휴식 없이 진행됩니다만, 물론 중간에 감독관에게 허락을 받고 화장실을 다녀올 수는 있습니다. 헐레벌떡 시험장에 도착하게 되면 마음의 준비를 할 시간이 전혀 없을 테니 항상 시간은 여유 있게 사용하세요.

3) 주의사항 잘 듣고 따라 하기

실기시험에는 수험표, 신분증, 필기구, 30cm 자를 제외하고는 특별히 준비해야 할 준비물은 없습니다. 시험을 시작하면 감독관이 2장의 유인물을 배부합니다. 작업지시서(갱지)는 시험에 대한 일반적인 유의사항이고 감독관과 함께 읽으면서 확인하는 시간을 가집니다. (이때 컴퓨터 확인과 세팅을 하면 시간을 줄일 수 있겠죠?) 두 번째 프린트물은 화면설계기획서라고 하는데, 보통 A3용지에 흑백으로 출력되어 있으며 여러분이 작업할 최종결과물과 지시문이 프린트되어 있습니다.

작업에 사용해야 할 이미지, 사진 등의 수험자료(작업소스)는 시험시작 전에 각 수험자의 PC에 이미지 복사되어 있는 상태일 겁니다. 물론 시험장 상황에 맞게 네트워크 공유나, 감독관이 USB 메모리로 복사해주는 경우도 있다고 합니다. 한 번 제공해 준 이후 두 번 다시 주지 않으니 원본은 컴퓨터에 따로 보관해두고 복사본으로 시험에 사용하는 편이 좋습니다.

2) 제일 먼저 사용하게 될 컴퓨터를 점검하자!

시험시간이 되면 입장을 시켜줄 겁니다. 시험장 내에서는 자신이 부여받은 비번호(임시번호)로 자리를 배정받게 되는데, 비번호는 감독관이 임의로 지정해주나 시험장에 따라 미리 수험표 번호대로 지정된 곳도 있습니다. 한 번 지정받으면 특별한 일이 없는 한 바꿀 수는 없습니다. 비번호로 지정받은 자리에 모든 수험생이 착석하게 되면, 시험에 대한 유의사항 및 전달사항을 안내합니다. 일반적인 요식행위죠 뭐. 한 쪽 귀는 열어두고 사용하게 될 컴퓨터를 이것저것 만져보세요. 평소에 익숙한 환경이 아니므로 조금 당황스러울 수 있습니다. 가끔 피시방에 가면 처음에 좀 뭔가 어색한 기분이 들죠? 시험장에서도 마찬가지 일 겁니다. 시험장에 따라 PC가 관리가 잘되지 않아서 사용하기에 뭔가 불편한 점이 있다면, 여유자리가 있는 한, 감독관에게 요청하여 자리를 변경할 수 있습니다. 부득이하게 자리가 변경되면 재빨리 변경된 컴퓨터의 상태를 점검하여 시험 도중 문제가 발생하지 않도록 확인하여야 합니다.좀 복불복이긴 하지만, 사양이 좋은 컴퓨터를 사용할 수도 있고, 완전 구형에 모니터는 책상에 매립된 스타일이라 화면에 전등이 비치고 목은 아파 죽을 거 같고……. 그런 시험장도 있습니다. 어쩌겠어요. 그냥 시험 봐야죠.

좀 복불복이긴 하지만, 사양이 좋은 컴퓨터를 사용할 수도 있고, 완전 구형에 모니터는 책상에 매립된 스타일이라 화면에 전등이 비치고 목은 아파 죽을 거 같고…. 그런 시험장도 있습니다. 어쩌겠어요. 그냥 시험 봐야죠.

● 프로그램의 세팅이나 컴퓨터의 세팅 상태를 자신이 유리한 방법으로 조절해 두세요. 이건 각자 취향이 있을 테니 저자가 뭐라 권장해줄 내용은 없습니다. 바탕화면에 아이콘을 꺼내 둔다든지, 평소 사용하던 데로 패널을 재배치한다던지 뭐 그런 거 해두시면 그나마 편하겠죠.

● 마우스 감도 조절, 키보드 감도 조절, 화면보호기 해제, 바탕화면 정리, 조각모음 등도 시간이 있다면 미리 해두는 것이 좋습니다. 최소 마우스 감도 정도는 조절해 두면 좋겠지만, 그렇다고 프로게이머처럼 자기 마우스를 직접 가져갈 필요까지는 없습니다.

● 포토샵과 인디자인은 프로그램을 실행할 때 아이콘을 더블클릭하고 재빨리 Ctrl+Alt+Shift 키를 누르고 있으면 프로그램 초기화를 할 수 있습니다. 프로그램 초기 설치 상태로 돌아가니 혹시 단축키 등이 변경된 상태라면 되돌릴 수도 있습니다.

4) 저장만이 살길이다. 왼손이 놀면 쓰나?
항상 Ctrl+S

시험장에 따라 컴퓨터의 하드디스크가 C, D(혹은 E)로 분리되어 있는 경우가 있는데 작업용 폴더는 반드시 D(혹은 E)에 만들어두어야 합니다. 피치 못하게 작업 도중 재부팅될 수 있는데, C 하드디스크에 작업물이나 수험 자료를 저장해 두었다면(바탕화면도 C 하드입니다.) 하드복원 프로그램 때문에 재부팅 이후 작업물 파일이 삭제됩니다.

작업을 할 때에는 반드시 중간 중간에 저장을 습관처럼 하세요. 몇 십 분을 작업했는데 컴퓨터 오류로 다시 해야 될 수 있습니다. 시험이 아니라면 짜증 한번 내고 다시 하면 되겠지만 시험에서는 이런 작은 실수로 인해 시험을 포기해야할 수도 있습니다.

어떤 작업과정이던 맨 처음 할일은 저장부터 해두는 것입니다. 작업 도중 계속 저장은 밥 먹듯이 습관처럼! 컴퓨터의 오류 때문에 재부팅이 몇 번 되고, 마우스 집어던지고 욕하고 나가는 수험생도 봤습니다. 저자도 오프라인 수업(학원) 학생들에게는 저장하는 버릇을 초반에 들이기 위해 지나가다 고의적으로 한 번 씩 컴퓨터를 끄기도 합니다. 전체 전원을 내려버리기도 하구요. 그만큼 저장은 중요합니다. 디지털 작업의 맹점이기도 하죠.

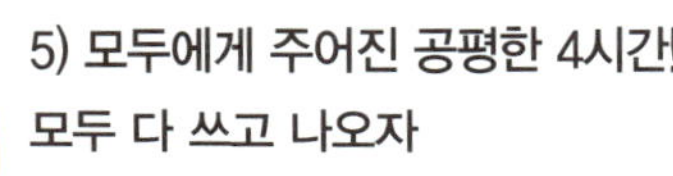

5) 모두에게 주어진 공평한 4시간!
모두 다 쓰고 나오자

4시간이란 시험시간은 생각보다는 긴 시간이 아닙니다. 시간에 쫓겨 맘이 급해 어영부영하다보면 제 실력 발휘도 못하고 프린트조차 해보지 못한 채 시험장을 나올 수도 있습니다. 평소 본 수험서로 착실히 시험 준비를 했다면 대부분 3시간 이내로 끝낼 수 있을 수준이 됩니다. 혹시 시간이 남더라도 화면설계기획서를 제대로 이해하고 그에 맞게 작업을 했는지 몇 차례 반복해서 확인을 하도록 합시다. 절대로 혼자서 시험 다 봤다고 횡하니 짐 싸서 자랑스럽게 나가버리는 싸가지 없는 것(?)들에게 동요되어선 안 됩니다. '급할수록 둘러가라' 살아보니 옛 속담이 다 맞는 것 같습니다.

6) 프린트 연습도 한 번쯤은 꼭 해보자

시험에서는 최종 결과물을 파일로만 제출하는 것이 아니라 프린트해서 A3 캔트지에 붙여서 제출합니다. 프린트를 못하면 탈락이 되지요. 평소 시험 준비를 할 때에도 프린트를 사용할 수 있는 환경이라면 꼭 연습을 해보셔야 합니다. 물론 여러분이 사용하는 프린트기와 시험장의 프린트기는 회사나 기종이 틀리겠지만, 대체로 비슷하게 사용할 수 있습니다. 100% 크기로 출력한다든지 출력한 결과물을 모니터와 비교해본다든지 하는 일은 시험에서 뿐만 아니라 실무에서도 똑같이 하는 일입니다. 다만, 실제 인쇄 작업에서는 고가의 모니터와 프린트기, 캘리브레이션 장비를 이용해서 모니터 상의 컬러와 인쇄물에서의 컬러가 일치하도록 하는 후반 작업을 하지만 시험에서는 색감이 다소 차이가 나도 당락에 영향을 미치지는 않으니 안심하세요.

7. 합격에 한걸음 더 가까워지는 필살비법전수

1) 시험에서 요구하는 수준을 이해하자 –
실기시험은 단순한 Tool 테스트이다.

컴퓨터그래픽스운용기능사 실기시험은 4시간동안 주어진 화면설계기획서를 분석하여 최대한 동일한 결과물을 만들어내는 단순한 과정입니다. 시험자체가 주관적인 평가가 불가능하기 때문에 정해진 결과물대로 동일하게 만들 수 있느냐는 것을 객관적인 채점표에 따라 감점식으로 채점하여 합격 유무를 판단하게 됩니다. 따라서 실무에서 그래픽디자이너에게 요구되는 창의성이나 디자인 능력은 채점이 객관적일 수 없으므로, 시험에서는 프로그램 사용의 능숙도(?)를 평가한다고 생각하면 됩니다

제한된 시간 내에서 화면설계기획서와 동일한 결과물을 만들어야 되므로 지나치게 난이도가 높은 작업이나 손이 많이 가는 작업을 요하는 문제는 거의 출제되지 않는 추세이며, 작업과정에서 사용하는 포토샵 / 일러스트레이터 / 인디자인 등의 프로그램을 60~80% 정도만 이해한다면 무난하게 합격할 수 있습니다.

2) 내가 만일 채점자라면 –
화면설계기획서대로만 작업하면 된다.

시험은 시험장에 들어왔단 감독관이 직접 채점표를 가지고 채점하는 '현지채점방식'으로 이루어집니다. 수험자의 작업 결과물을 판단하는 기준이 같아야 하므로 채점기준표로 판단을 하게 됩니다. 채점기준표는 출제문제마다 세부적인 변동사항이 있지만, 감점 위주의 채점을 하게 되고, 화면설계기획서보다 더 잘 만들었다고 해서 추가점수가 있는 것은 아닙니다. 또한 채점하는 감독관은 전문가가 아니기 때문에 주관적인 판단을 할 수가 없습니다. 따라서 수험자 여러분들은 최대한 화면설계기획서와 똑같이 만들도록 노력해야 하며, 80% 이상 동일하게 제작하고 탈락요소만 없다면 좋은 점수로 합격할 수 있습니다.

3) 우왕좌왕하지 말자 –
평소 연습한 실력대로 평상심을 가지자.

실무에서라면 디자이너마다 개인적인 작업스타일이 다르겠지만, 시험에서는 문제의 패턴이 어느 정도 일정하므로 저자는 수험서를 집필할 때 동일한 작업과정과 단계에 따라 프로그램의 사용 순서대로 풀이과정을 진행 하였습니다. 인디자인이나 페이지메이커, 쿼크익스프레스는 마지막 단계에서 결과물을 프린트하기 위한 단계일 뿐이므로 재단선, 글자입력, 프린트 정도만 할 수 있으면 충분합니다.

4) 실기시험 접수 이후에는 프로그램 버전에 맞게
준비하기

전국의 모든 실기시험장에 설치되어 있는 프로그램의 버전이 다르다보니 수험서에서는 모든 버전을 다 다룰 수가 없습니다. 수험생들은 실기시험을 접수한 시험장의 상황에 따라서 준비하는 방법도 달라져야 합니다. 큐넷 홈페이지에 매년 실기시험장에 설치되어 있는 프로그램 버전이 공지되지만 실제 시험을 치른 수험자들의 후기를 보면, 간혹 공지된 프로그램 버전과 실제 설치되어 있는 프로그램의 버전이 다른 경우가 있었습니다. 따라서 실기시험 접수 시 반드시 시험장에 전화를 해서 설치된 프로그램 의 버전과 언어를 확인하여야 합니다.

본 수험서는 2012년 5회 시험을 기준으로 집필을 시작했기 때문에 시험장에 가장 많이 설치되어 있는 CS3 영문 버전과 CS6 한글 버전을 번갈아가며 문제풀이강의를 제작하였습니다. 본 수험서가 출판되는 2013년 2월을 기준으로 어도비 사에서 출시한 프로그램의 버전은 CS6 버전이며, 어도비 홈페이지 (http://www.adobe.com/downloads)에서는 CS6 한글과 영문 버전의 평가판 프로그램을 다운로드 받을 수 있습니다. 프로그램 버전별로 기능상의 차이는 크지는 않지만 인터페이스의 변화가 있으므로 초보자의 입장에서는 많은 차이가 있다고 느낄 수 있습니다. 저자도 버전별 차이점을 한 권의 수험서에서 모두 다루기가 힘들다는 점을 알기에 최대한 상위버전에만 있는 특별한 기능은 배제하면서 문제풀이를 하였습니다.

5) 연습을 실전과 같이, 실전은 연습과 같이 –
실기시험 상황과 똑같이 준비하기

아시다시피 실기시험에 주어진 시간은 4시간입니다. 시간분배를 계획 없이 하다보면 100% 시험에서도 우왕좌왕하다 망합니다. 공부할 수 있는 시간이 많지 않다고 해서 조금하다가 미뤄두고 다음에 하고 그러다보면 작업의 연속성이 없어져서 결과물은 만들었지만 무슨 공부를 했는지 머리에 남지 않게 됩니다. 처음 수험서로 공부를 시작할 때에는 시간에 상관없이 처음부터 끝까지 따라서 해보는 식으로 공부를 하겠지만, 시험일에 다다랐을 때에는 무조건 4시간동안 오로지 문제풀이에 집중해야 합니다.

좀 과장된 예지만 여러분이 연습에서 사용하는 컴퓨터를 시험장과 같은 상황을 만들어보세요. 인터넷 연결도 끊고 주변에 참고할만한 책도 전혀 없는 상황을 만들어두세요. 물론 휴대폰도 꺼버리고, 마치 권투선수가 시합 전 머릿속으로 상대방을 떠올리며 세도우 복싱을 하듯이 혼자서 실제 시험상황과 가장 비슷하게 주변 환경을 만들어 두는 것이 연습할 때 많은 도움이 됩니다. 생체리듬도 시험시간과 맞추는 연습을 하다보면 4시간 동안 화장실도 가지 않고 초집중 상태로 연습을 할 수 있게 몸이 반응합니다.

이상하게도 시험 칠 때면 배도 아프고, 멍하고 그렇죠? 정신 바짝 차리지 않으면 지는 겁니다! 연습을 실전처럼 준비해두면 실제 실전은 연습처럼 느껴집니다. 신기하게두요.

2. 컴퓨터그래픽스운용기능사 실기시험 Q&A

Q 필기 시험 면제 기간은 얼마나 되나요?

A 한국산업인력공단에서 실시하는 모든 시험은 필기시험 합격 후 2년 동안 해당과목의 실기시험에 대한 필기시험이 면제됩니다. 따라서 컴퓨터그래픽스운용기능사도 **2년 동안 필기시험 면제기간**이 주어집니다. 단, 실기시험일이 필기시험 면제기간에 포함되지 않는다면 필기시험을 다시 봐야 합니다.

Q 실기시험에서 사용하는 프로그램은 무엇이 있나요?

A 2013년 2월을 기준으로 adobe 社에서 출시한 프로그램의 최신 버전은 포토샵 CS6 / 일러스트레이터 CS6 / 인디자인 CS6 버전입니다. 시험장에 설치된 프로그램은 일반적으로 최신 프로그램 버전보다 낮은 버전이 대부분입니다. 큐넷 홈페이지에 매 시험마다 시험장에 설치된 프로그램의 버전과 언어 버전이 공개되지만 시험장의 사정에 따라 프로그램의 버전이 다를 수 있으므로 실기시험을 접수한 실기시험장에 직접 전화통화를 해서 설치된 프로그램의 버전을 확인해야 합니다. 반드시 실기시험 접수 후에 해당 시험장의 전화번호로 직접 문의 하는 것이 중요합니다. 포토샵/일러스트레이터/인디자인 이외에도 페이지메이커나 매킨토시 사용자를 위한 쿼크익스프레스 등이 설치되어 있습니다.

Q 프로그램의 버전에 따라 많이 다른가요?

A 상위 버전의 프로그램은 새로운 기능이 추가되고 인터페이스도 하위 버전에 비해 다릅니다. 하지만 문제풀이과정에서는 상위 버전에만 있는 새로운 기능은 사용하지 않고 버전에 상관없이 작업과정을 따라할 수 있도록 기본 기능을 충실히 사용하였습니다. 본 수험서에서는 시험장에 가장 많이 설치되어 있는 버전인 CS3과 수험생이 구하기 쉬운 최신 버전인 CS6을 번갈아가며 문제풀이과정에 사용하였습니다.

Q 평소에 영문버전을 사용하는데 시험장에는 한글버전이 설치되어 있습니다.

A 사실 언어 버전에 따른 기능상의 차이는 없습니다. 다만, 평소 영문 버전을 사용하다 준비 없이 시험장에서 바로 한글 버전을 사용하게 되면 엄청난 이질감에 시달릴 겁니다. 그 반대의 경우도 마찬가지겠죠? 따라서 평소 프로그램을 사용하실 때 단축키를 많이 활용해서 연습을 하시면 언어에 따른 이질감이 줄어들긴 하겠죠. 그렇지만 제일 좋은 연습방법은 시험장에 설치된 언어 버전에 맞게 시험 준비를 하는 편이 제일 좋습니다.

Q 실기시험 때 수험자가 직접 프로그램을 가져가서 설치해도 된다는데?

A 네, 원칙적으로는 시험장에 설치되어 있는 프로그램이 자신이 원하는 프로그램의 버전이 아닌 경우 수험자가 직접 프로그램을 가져가서 설치하고 사용해도 됩니다. 그러나 설치할 수 있는 프로그램은 반드시 정품을 사용해야 된다는 조건이 있습니다. 불법복제프로그램이나 평가판은 절대로 사용할 수 없습니다. 정품 프로그램이 있다면 설치CD나 USB를 가지고 가서 설치해도 무방합니다. (매뉴얼 도서에 부록CD로 제공되는 프로그램은 시험버전입니다. 역시 정품이 아닌 평가판이니 사용하실 수 없습니다.) 설치를 할 때에는 시험장 감독관의 허락 하에 설치를 해야 됩니다.

Q 실기시험 시간은 얼마나 주어지나요?

A 쉬는 시간 없이 4시간입니다. 시험 중에는 생리현상을 제외하고는 절대로 시험장 밖으로 나갈 수 없습니다. 화장실을 갈 때에도 감독관의 허락 하에 동행하여 갈 수 있습니다. 또한 다른 수험자보다 시험을 빨리 끝내도 시험 시간의 1/2에 해당하는 2시간이 지나기 전에는 퇴장할 수 없습니다. 하지만 시험 감독관의 재량에 따라서 조금씩 유동성은 있습니다. 가끔 시험을 포기하고 빨리 나가는 수험생도 있긴 하거든요.

Q 인터넷에서 시험후기를 보면 비번호란 말이 자주 나오는데 무엇인가요?

A 비번호는 시험장에서 수험자에게 부여하는 임시번호입니다. 시험시작 전에 수험자 출석확인과 본인확인을 하는데 이때 비번호를 랜덤하게 부여하고, 비번호가 적힌 명찰을 나눠줍니다. 비번호 명찰은 왼쪽 가슴에 부착해야 합니다. 또한 비번호는 자신이 사용할 컴퓨터의 번호이기도 하며 제출할 완성 작업물의 폴더와 파일명으로도 쓰입니다. 부정행위를 방지하기 위해 비번호를 사용하는 것인 만큼 시험결과물 어디에도 수험자의 이름이나 연락처, 주민등록번호 등 수험자의 신상정보를 기록하면 안 됩니다.

Q 결과물 제출은 어떤 방식으로 하나요?

A 시험의 결과물인 '~.jpg' 파일과 인디자인 '~.indd' 파일을 저장한 폴더를 감독관이 주는 USB 메모리나 네트워크 폴더에 복사하여 제출합니다. 이렇게 복사한 파일은 따로 준비된 프린트용 컴퓨터에서 프린트를 합니다. 재단선이 보일 수 있도록 A4용지에 100% 크기로 프린트해서 시험장에서 제공하는 A3 캔트지에 마운트(붙여서)하여 제출합니다. 보통은 감독관이 직접 하는 경우가 많으나 수험자가 직접 해야 하는 경우에는 캔트지에 시험장에 비치된 테이프로 위아래에 깔끔하게 붙여서 제출하면 됩니다.

A 작업에 필요한 수험자료(이미지파일)가 여러분이 사용하게 될 컴퓨터에 미리 저장되어 있습니다. 시험시간 전에 바탕화면에 저장되어 있는 것이 일반적이나 시험 준비가 미비한 시험장에서는 감독관이 급히 USB 메모리 등으로 직접 복사해주기도 합니다. 내 문서, 바탕화면 등에 수험자료를 두면 재부팅 시 파일이 삭제되는 프로그램이 설치되어 있는 시험장도 있으니 C하드가 아닌 다른 하드디스크에 복제해두세요. 작업지시서라는 인쇄물(갱지)과 화면설계기획서라는 흑백 용지를 줍니다. 작업지시서는 시험에 대한 일반적인 유의사항이 적혀 있으며, 화면설계기획서는 여러분이 작업해야할 내용의 지시문이 기록되어 있습니다.

A 일반적인 수험서나 기술서적을 볼 때 궁금한 점이 있으면 출판사에 게시판이나 저자의 블로그 등에 질문을 올리고 답변을 기다리고 하다보면 답답하죠? 저자도 그랬어요. 그래서 최대한 답변을 빨리 드릴 수 있는 방법이 없을까 고민하다가 메일과 SNS를 활용하기로 했습니다.

먼저, 동영상 강의를 다시 꼼꼼히 보고 잘못 따라서 한 부분이나 간과하고 지나친 부분이 없는지 확인하세요. 대부분 질문을 받아보면 동영상에 설명이 자세히 되어 있는데 지나친 부분이라든지 아니면 조금 있으면 설명이 나오는데 마음이 급해서 질문을 하는 경우가 많더라고요.

그래도 이해가 되지 않거나 모르는 부분이 있으면, 저자의 이메일 ssym4@daum.net으로 여러분이 작업 중이던 파일을 보내주시고 질문사항도 같이 남겨주세요. 요즘 스마트폰 좋더라구요! 간단한 문의사항은 사진 팍팍 찍어서 카카오톡 ssym4로 보내주세요. 간단히 글로 보낼 수도 있고 동영상 촬영도 되잖아요.

문의를 하실 때에는 다음 사항을 지켜주시면 서로 만족한 결과를 얻을 수 있습니다.

모든 사항의 전제조건 : 반드시 사용하는 프로그램의 버전을 알려주셔야 합니다. 인디자인은 상위 버전 파일이 하위 호환되지 않습니다.

❶ 작업에 관련된 문의를 할 때에는 반드시 작업 중인 상태를 그대로 저장하고 PSD, AI, INDD 파일 등을 보내주세요. 작업 중인 폴더를 통째로 압축해서 보내주시는 것이 제일 좋은 방법입니다.

❷ 인디자인이나 일러스트레이터의 경우라면 저장 파일만 달랑 보내지 않도록 주의합니다. 작업 순서에 따라 인디자인과 일러스트레이터에는 포토샵에서 작업한 파일이 링크되어 있을 수도 있습니다.

❸ 사용했던 프로그램의 버전을 반드시 명시해주세요. 예를 들어 하위버전을 사용한 경우 저자가 평소 사용하는 버전과 맞지 않아 아예 확인을 하지 못하거나 아니면 저자가 보내드린 파일을 여러분이 확인하지 못하는 경우가 있습니다.

❹ 가끔 수험생 여러분의 메일함이 가득 차버려서 보내드린 메일이 반송되는 경우가 있습니다. 메일함의 남은 용량 확인하여 주세요.

❺ 저자도 여러분과 똑같이 주중에 열심히 일하고 주말에 쉬는 평범한 사람입니다. 주말에 늦게 답변 드린다고 너무 서운해 하진 마세요. 밤에 잠도 자구요, 밥 먹을 시간엔 밥도 먹습니다. 연휴엔 쉬기도 하고, 해외로 여행을 가기도 합니다. 하지만 될 수 있으면 모든 답변을 다 해드리려고 노력하고 있습니다. 이런 부분을 이해 못하시는 독자님은 없다고 믿겠습니다.

❻ **프로그램을 못 구하니 달라는 메일과 카톡은 절대로 답변도 안 해드립니다.** 이런 부분은 수험생 여러분과 저자가 서로 조심해야 되는 부분이겠죠? 시험에 사용하는 프로그램들은 30일 기간제한이지만 http://www.adobe.com/downloads 에서 영문/한글 모두 다운받을 수 있습니다. 참 최신 버전만 어도비 사이트에서 제공합니다. 제가 드릴 수 있는 프로그램에 대한 답변은 여기까지입니다.

2. 컴퓨터그래픽스운용기능사 실기시험 Q&A

Q 실기시험에서 자주하는 실수는 어떤 것이 있을까요?

A 화면설계기획서 지시문의 CMYK 컬러 착오

– 지정된 컬러를 CMYK 순서대로 입력해야 하는데 급한 나머지 순서를 헷갈리는 경우가 많습니다. 프린트 하고 나서 다른 수험자들은 모두 파란색인데 나만 초록색이면 무지 당황스럽겠죠? 바쁠수록 돌아가라고 꼼꼼하게 체크하여 숫자를 틀리지 않도록 해야 합니다.

재단선 여유를 위한 작업공간을 이해하세요.

– 작업규격에서 ‘재단여유를 고려한 3mm공간 확보’의 의미 이해를 하지 못하면 포토샵 작업 파일의 크기 설정 단계에서 실수를 하게 됩니다. 포토샵에서는 재단선보다 바깥으로 상하좌우 3mm씩 커진 규격, 즉 가로/세로 6mm 씩 큰 사이즈로 파일을 생성해서 작업을 해야 하고 인디자인에서는 실제 규격의 크기대로 재단선을 만듭니다.

제한용량을 고려하세요!

– 결과물 파일은 하나의 폴더에 담아서 제출해야 하며 제출할 파일의 총용량이 3MB가 넘으면 실격처리 됩니다. 여기서 주의해야 할 것은 처음 포토샵 파일을 생성할 때 결정하는 해상도(Resolution)입니다. 실무에서는 인쇄물 작업 시 고해상도 이미지가 필요하여 300dpi 이상으로 해상도를 설정하지만 시험에서는 용량의 제한이 있기 때문에 해상도를 100~150dpi 정도로 낮추어 작업해야 합니다.

꺼진 그리드 라인도 다시 보자!

– 문제풀이과정에서는 오브젝트의 정확한 위치와 크기를 가늠하기 위해 기준선이 될 그리드 라인(격자)을 만들어둔 다음 작업을 진행합니다. 화면설계기획서와 똑같은 결과물을 만들기 위해서 작업의 편의상 만들어 둔 것이니 최종 결과물 파일인 ‘JPG’ 파일을 만들 때 반드시 그리드 라인 레이어를 안 보이게 해야 합니다. 시험시간 막바지에 시간에 쫓겨 잊어버린 채 프린트를 하면서 그때서야 실수를 깨닫는 경우가 많습니다. 탈락 요건이니 주의하세요.

Q 수험서의 풀이방식대로 동영상강의 보면서 똑같이 따라서 했는데, 안 됩니다. 왜 이렇죠?

A 컴퓨터라는 것이 참 재미있는 물건입니다. 같은 사양의 같은 프로그램 버전을 설치해도 똑같지 않거든요. 따라서 수험서를 보고 따라 해도 독자 여러분이 중간에 지나친 부분도 있을 것이고, 자신의 방식대로 하다가 수험서를 보다가 반복하다보면 결과가 다르게 나올 경우도 있습니다. 이런 문제점은 ‘case by case’ 라서 어떤 문제가 발생한다면 그 즉시 꼭 저자에게 문의하세요. 단, 이것 하나는 알아두세요. 컴퓨터란 놈은 바보입니다. 절대로 사람이 시키지 않은 일을 스스로 하지 않거든요. 결국 컴퓨터를 사용하다가 이상한 결과가 나오면 사람이 실수한 거죠.

Q 매 기출문제마다 풀이방식이 조금씩 다른 것 같습니다. 왜 그런가요?

A 문제가 조금씩 다르니 매번 같은 풀이방식으로 설명을 할 수 없기도 하고, 또 다양한 풀이방법을 알려드려서 독자 여러분들이 자신에게 맞는 최적의 작업스타일을 찾을 수 있도록 도와 드리기 위해서입니다.

가끔 프로그램을 잘 다루시는 독자님들이, "왜 내가 아는 방법이 더 쉬운데 이렇게 설명을 했나요?" 하고 문의를 하시는 경우가 있는데, 저자는 초보자도 이해할 수 있는 수준으로 강의를 진행하였으므로 어렵다고 판단한 테크닉은 일부러 제외하였습니다. 여러 가지 방법을 알려 드릴 테니 본인이 편한 방법대로 공부해서 결과만 같다면 어떤 방법으로 제작해도 시험에서 불이익은 없습니다.

문제를 풀이할 때면 쉬운 방법을 두고 꼭 번잡한 방법을 사용하게 되는 경우(남이 보기에 그렇다는 거죠)가 있는데, 이건 어느 정도 저자의 작업습관이 남아 있기 때문입니다. 하지만 기출문제를 분석해서 몇 번씩 만들어보고 여러분께 최대한 쉬운 방법으로 설명하려고 노력하고 있습니다.

Q 시험 볼 때 잘 모르는 부분이 있으면 감독관에게 도움을 청하면 되나요?

A 컴퓨터그래픽스운용기능사 자격증 관련 인터넷 카페 관련 커뮤니티의 시험 후기들을 보면, 감독관이 친절한 경우도 있고 완전 불친절 한 경우도 있다고 합니다. 어떻게 보면 시험도 결국 어느 정도는 운빨(?)이 통해야 합격할 수 있다는 말이겠죠. 어디까지나 감독관은 시험을 감독하는 사람이지 모르는 것을 해결해주는 사람이 아닙니다. 오로지 시험장에는 여러분 혼자입니다. 평소 준비를 열심히 했다면 감독관은 그냥 시험장에 서 있는 사람 정도겠죠?

집필후기 : 자격증 시대! 미래를 준비하는 그래픽디자이너가 되자!

초보 디자이너의 입문용 자격증이라 할 수 있는 컴퓨터그래픽스운용기능사는 시험문제에서 제시된 디자인 원고를 토대로의 수험자가 여러 디자인 프로그램을 사용하여 동일하게 제작할 수 있는지를 확인하는 '디자인 툴 사용과 테크닉 위주'의 평가시험입니다. 한국산업인력공단에서 실시하는 자격증 시험 중 가장 낮은 등급인 기능사 급의 시험이지만, 98년도에 처음 실시된 이후 15년 간 다양한 유형의 문제가 출제되었고, 점차 실무 작업 유형이 추가되어 2013년 현재 기능사 급의 디자인 관련 자격증 중 가장 난이도가 높은 시험 중 하나라고 할 수 있습니다.

실기시험에서는 Adobe 社에서 출시한 포토샵, 일러스트레이터, 인디자인(맥 사용자는 Quarkxpress) 등 몇 가지 프로그램을 사용하여 주어진 4시간 이내에 제시된 원고와 똑같은 결과물을 만들어 내야 하므로 시험을 준비하는 여러분은 일정 수준 이상으로 자유롭게 해당 디자인 툴을 다룰 수 있는 수준이어야 합니다.

특히 최근 시험 경향은 일러스트레이터로 작업할 분량이 점차 많아지면서 시험의 난이도가 높아졌을 뿐만 아니라, 시험 시간 내에 결과물을 완성하기 위한 빠른 손놀림도 요구하고 있습니다. 일러스트레이터의 'Pen 툴'을 사용해야 하는 까다로운 '프리-드로잉' 작업 유형이 자주 출제되고, 포토샵의 기본 툴 사용법은 물론 난해한 필터의 조합을 판독할 수 있어야 하는 유형도 자주 나옵니다. 이러한 출제자의 요구사항을 이해하고 시험에서 순조롭게 작업할 수 있는 수준이 되려면 엄청난 시간과 노력이 필요합니다. 보통 학원 등에서 포토샵과 드림위버의 커리큘럼은 3~4개월 정도가 됩니다. 디자인 전공자가 아닌 일반인(?)의 입장에서는 여러 프로그램을 모두 공부해야하므로 여간 부담스러운 일이 아닐 수 없습니다.

저자가 수험서를 집필하면서 가장 고심하며 신경 쓴 부분이 바로 '초보자 및 디자인 입문자'의 수준입니다. 디자인 툴을 사용하여 작업을 하는 과정을 한 장의 컴퓨터화면과 설명글로 모두 담아낼 순 없습니다. 물론 자세한 설명을 위해 많은 페이지를 할애 한다면 가능하겠지만, 수백~수천 페이지가 넘는 두껍기만 한 수험서는 수험생 여러분과 저자의 입장에서 달가운 일은 아니겠죠. 그래서 윤들쥔장님이 '윤들닷컴만의 스타일'로 수험서 집필을 의뢰했을 때 흔쾌히 수락을 한 것도 바로 수험서와 함께 제공되는 동영상 강의 때문이었습니다. 동영상 강의를 녹화해 본 경험은 없었으나 강의를 오랫동안 해온지라 강의에는 자신이 있었고, 여러 디자인 툴 관련 메뉴얼을 자주 접하는 강사이다 보니 딱딱한 설명글의 한계를 잘 알고 있기에 해볼 만한 일이라고 생각을 했습니다.

윤들닷컴에서 출판하는 모든 디자인관련 수험서는 '과외식 동영상 강의'와 'SNS를 통한 실시간 피드백'을 제공합니다. 마치 선생님과 학생이 1:1로 과외수업을 하듯이 동영상 강의를 통해 수업을 진행하고, 작업 도중 이해가 안 되거나 질문이 필요한 부분은 저자와 SNS(카톡, 메일)를 통해 실시간 질답을 하면서 독자가 100% 이해가 될 때까지 피드백을 하는, 기존의 수험서와는 차별화 된 서비스를 제공합니다.

수험생 여러분들이 최단 시간에 최적의 결과를 얻을 수 있도록 15년간 출제되었던 기출문제의 유형을 저자가 직접 분석하고, 출제자의 출제의도와 유형별 작업방식을 체계적으로 정리하여, 시험에서 반드시 출제되는 핵심적인 요소만을 뽑아 강의에 반영하였습니다. 이를 토대로 기능사 시험의 수준을 넘어서거나 불필요한 부분은 과감히 생략하였으므로 수험생 여러분들이 시험에 출제되지도 않는 쓸데없는 프로그램의 세세한 기능을 배우고 익히는데 시간을 낭비하지 않고 오로지 자격증 취득에만 전력투구 할 수 있도록 구성하였습니다. 자격증 취득에 목표를 맞춘 수험서가 좋은 수험서라고 생각합니다.

하지만 저자의 입장으로는 단순히 자격증 취득만이 유일한 목표인 기존 수험서의 한계를 벗어나고 싶었습니다. 이 책을 통해 공부한 내용과 작업의 스킬을 실무에서 최대한 사용할 수 있도록 디자이너로서의 기본 소양을 키우는 '디딤돌'이 되기를 바라는 마음을 가득 담았습니다. 밤을 새워 집필을 하고 동영상 강의를 녹화하는 내내 '독자와 저자', '강사와 수강생'의 입장이 아닌 '스승과 제자'의 관계를 생각하였습니다. 긴 시간 동안 인쇄편집 디자인 현장에서 일하며 또 강단에서 강의하며, 오랜 기간 실무 경험을 쌓아온 저자의 경험이 충분히 여러분께 전해질 수 있을 것이라 생각하고 기대해 봅니다.

자격증 시험을 준비하는 수험생 여러분! 이 글을 읽으면서도 한 편으로 설레고 또 한편으로는 두려울 것입니다.

단지 한 권의 수험서이지만 많은 것을 담으려고 노력했습니다. 이 책을 통해 공부하는 모든 수험생들이 바라는바 대로 '컴퓨터그래픽스운용기능사' 시험에 전원 합격하고 아울러 멋진 그래픽 디자이너가 되는 발판을 마련하길 바라며, 우리 모두 화! 이! 팅! 합시다.

이 책이 나오기까지 응원해 준 모든 분들에게 감사합니다.

처음으로 '집필'이라는 일을 하며 혼자서는 감당하기 힘든 부분과 서툰 점이 많았지만 끝까지 믿고 '공기반 소리반' 아니 '격려반 협박반'으로 다독여 주신 윤들닷컴 이동윤 대표님께 미안함과 감사의 말을 전합니다. 옆에서 불평 없이 엄마 커피 심부름을 해 준 전용 바리스타 수영, 멋진 수민에게도 언제나 사랑하는 마음을 담아 감사의 말을 대신합니다.

부끄러운 고백이지만 윤들쥔장도 지난 몇 년 간 진지한 고민 없이 집필을 하던 저자였습니다. 세팅된 출판사의 기획을 통해 책을 만드는 일은 쉬운 편이었습니다. 다른 수험서와 똑같이 문제풀이과정 캡처하고 무미건조한 설명글을 쓰고 하다보면 원고는 완성되고 출판사에 넘기면 제 이름으로 책 한권이 뚝딱 만들어지더군요. 그렇게 만들어진 책이지만 마케팅이라는 포장을 통해 그럴싸하게 팔려나갔습니다. 그렇게 다음 해의 책도 기출문제 한 두 개 추가해서 새로운 표지와 함께 새 수험서로 탈바꿈되어 팔리고, 이런 식의 반복이 몇 년이었죠. 나름 디자인 관련 자격증 수험서 중에서는 랭킹 1~2위 내에 드는 책이 몇 권이나 되었습니다.

하지만 집필을 하는 동안 즐겁지가 않았습니다. 우려먹기 식의 출판, 새로운 시도를 두려워하는 출판사의 기획력, 이런 출판시스템에 대한 회의감, 스마트 한 요즘 시대에 맞지 않는 구태의연한 독자와의 피드백 등 고민 속에서 집필을 하면 할수록 얼른 끝내버리고 싶은 귀찮은 일이 되어가고 있었습니다. 그럴듯해 보이기 위해 불필요한 내용으로 점차 두꺼워지는 책, 그래서 비싼 가격, 마케팅 비용과 유통 시스템에서 발생하는 마진이 포함된 가격… 솔직히 출판업계는 거품투성이였죠.

어떻게 하면 좀 더 쉽게, 좀 더 빠르게, 좀 더 재미있게, 그토록 원하는 자격증을 여러분들께 안겨드릴까? 제대로 된 수험서를 만들 수는 없을까? 이런저런 고민으로 2011년 그동안 꾸준히 해오던 수험서 집필활동을 전면 그만두고 기존 수험서의 방식 / 온라인과 오프라인의 수업의 장단점 / 기존 출판시스템의 문제 등 주변 지인과 교육전문가들에게 자문을 구해 가며 연구를 했습니다. 그래서 와신상담 끝에 결론을 찾았습니다.

처음부터 끝까지 책임지고 직접 다 해보자!

그러기 위해서는 직접 출판사를 운영해야 했습니다. 기존 출판사의 눈에는 위험한 시도로 보였을 테니까요.

❶ 직원을 두지 않고 1인 출판사로 운영하면 인건비를 줄일 수 있다.
❷ 책의 볼륨을 줄이면 인쇄비와 종이값 등 제작비를 줄일 수 있다.
❸ 디자인 수험서의 특성상 동영상 강의를 제공하면 더 이해하기 쉽고 자세한 설명이 가능해진다. 결과적으로 페이지 낭비를 하지 않게 된다.
❹ 새로운 기출문제는 사이트에서 동영상 강의를 지속적으로 업데이트하므로 표지갈이식의 출판은 더 이상 하지 않아도 된다.
❺ SNS를 이용한 저자와의 실시간 질답으로 독자들과 더 가까워질 수 있다.
❻ 원고를 집필하고 강의를 제작한 저자가 책임감 있게 독자와의 피드백에 참여할 수 있다.
❼ 수험서를 구매한 독자는 항상 사이트에 방문하므로 책 내용의 오류나 수정사항에 즉각적인 대응이 가능하다.
❽ 다품종 소량생산으로 다양한 분야의 전문서적을 기획/출판할 수 있다.

독자들이 감동을 받을 수 있는 책을 만들고 싶었습니다. 자상한 과외 선생님에게 하나하나 배우는 것처럼, 핵심만 콕 집어서! 궁금한 점을 시원하게 긁어주는 수험서가 될 수 있도록 말이죠! 기존 수험서들과 차별화를 시킬 수 있도록 노력을 했습니다. 마케팅으로 많이 팔리는 책이 아닌 입소문으로 오래 팔리는 책이 되고 싶었습니다.

2012년 7월 드디어 그 결실이 처음 세상에 나왔습니다.

"윤들쥔장과 웹디자인기능사 비밀과외 2340"

제목도 이상하고, 책표지도 기존의 점잖은 수험서가 아닙니다. 심지어 두께도 100쪽입니다. 마치 운전면허시험필기시험 책 같죠. 반응이 미적지근했습니다. 두꺼운 책으로만 공부하던 독자들의 습관이 쉽사리 바뀔 수는 없습니다. 심지어는 제가 예전에 집필한 책의 판매량에도 미치지 못했죠. 조금 실망했습니다. 내 생각이 잘못되었을까? 너무 앞서 나갔나? 역시 출판시스템은 아직 두꺼운 종이책이 대세인가? 별 생각이 다 들더군요.

그런데 2012년 4회 기능사 실기시험이 끝나고 어느 독자님으로부터 감사하다고 덕분에 시험 잘 봤다고 카톡으로 문자가 왔습니다. 그리고 기프티콘 선물. 눈물이 핑 돌더군요. 예전에 집필을 할 때에도 출판사 홈페이지의 댓글이나 온라인 서점에 등록된 댓글에 감사한 말들이 많았지만, 이번엔 누군가가 노력을 인정해줬다는 느낌이 들어서 계속 집필하고 책을 만들 용기가 생겼습니다.

그래서 두 번째, 세 번째, 네 번째, 수험서를 열심히 제작하고 있고 곧 출간됩니다. 혼자서 다 하려니 힘듭니다. 그런데 직원을 두지 않을 겁니다. 직원 두면 월급 줘야 되고 월급주면 책 값 더 비싸집니다. 잠 좀 덜자고 더 열심히 일하면 됩니다. 편집디자인, 인쇄, 유통 등 출판과정에 도움을 주는 지인들이 힘을 보태줍니다. 아직 할 만합니다.

하지만 모든 책을 제가 다 집필할 수는 없겠죠. 그건 욕심이고 자만이겠죠. 그래서 실무경험+강의경력+교육철학 삼박자를 갖춘 외부 저자분들도 열심히 섭외하고 다닙니다. 그래도 원고감수, 동영상 편집/교정, 모두 저의 손을 직접 거치고 있습니다. 어떤 시험은 수작업이라서 캠코더로 직접 촬영을 하고 편집도 합니다. 밤새도록 촬영하죠. 저자도 힘들고 저도 힘듭니다. 하지만, 이런 고생도 수험생에게 필요하다고 생각되면 합니다.

그래서 행복합니다.

웹디자인기능사 수험서를 출판하던 처음엔 출판사등록하고, 사업자등록하고, 기획하고, 집필하고, 강의 녹화하고, 편집하고, 교정 보고, 인쇄하고, 유통하고…. 혼자서 다 하려니까 참 힘이 들었는데, 한 번 해보니까 요령도 생기고, 출판업에 대해서 조금씩 알게 되면서 좀 더 좋은 책 만드는 일에 집중할 수 있게 되었습니다. 사실 힘들다기보다는 처음 해보는 일투성이니 그렇게 느꼈겠죠. '책 한 권이 세상에 나오기까지 이런 복잡한 과정을 거치는 구나', '세상에 만만한 일 없다.'고 느끼면서도 출판사에 원고만 달랑 넘겨줄 때와는 비교할 수 없는 긴장감과 보람, 책임감을 느낍니다.

처음 책을 직접 출판할 때, 어떤 지인이 술자리에서 저에게 핀잔을 주었던 일이 기억납니다. '잘나가는 출판사에서 계속 책이나 쓰지 왜 쓸데없이 모험이냐'구요. 그렇습니다. 저에겐 이 일이 모험 맞습니다. 하지만 10년 간 오프라인, 온라인에서 가르치는 일을 직업으로 삼다보니 저도 모르게 사명감 같은 것이 생겼습니다.

모험이라고 시작한 일에 이제는 확신을 가지고 있습니다.

가르치는 일만 하다 출판업에 몸을 담게 되다 보니, 집필만 할 때에는 보이지 않았던 좋은 책을 만들고 싶은 마음, 책을 읽을 독자들의 모습이 보입니다. 그리고 사기꾼들도 세상에는 참 많다는 것도 알게 되었습니다. '트렌드만 쫓아 책을 만드는 출판기획자', '얄팍한 지식으로 책을 돈으로만 보는 저자들', 결국 피해를 보는 건 독자들입니다. 화나지 않습니까?

저도 이런 유혹에 솔깃하게 되더군요. '지금 이때 이 책이 나오면 대박인데!', '누구보다 빨리 선수 쳐서 많이 팔아야 되는데!' 하지만, 강의를 할 때 스스로 약속한 '100% 내 것이 아니면 가르치지 않는다.' 라는 신념을 지키고 싶었습니다. 그래서 지금 당장 출판할 수 있는 책도 포기하고 할 수 있는 것만 합니다.

가르치는 일을 저는 천직이라고 믿고 있습니다. 제 욕심이지만, 배우고자 하는 모든 학생들에게 제가 가진 모든 지식을 다 퍼주고 싶었습니다. 쉽고 빠르게 자격증을 취득하기를 원하면 빨리 자격증을 그 손에 쥐어주고 싶었습니다. 그런데 출판사와 출판기획을 하면 제가 하고 싶은 말을 책에서 다 하지 못합니다. 새로운 방식으로 수험서를 만들어 보자고도 해봤습니다. 페이지 수가 줄면 책 안 팔린답니다. 동영상 강의로 더 많은 설명과 자세한 설명을 할 수 있다고 했습니다. 책 파는 출판사에게는 씨알도 안 먹힙니다. 충분히 이해는 됩니다. 그런데 '너희들이 안 하면 내가 한다.' 는 오기가 생겼습니다. 그렇게 집필만 하고 강의만 하던 사람이 출판사를 시작하게 되었습니다.

수험서는 몇 십만 부, 몇 백만 부씩 팔리는 책이 아닙니다. 책 팔아서 대박 날 생각 없습니다. 거창하게 재능기부? 아직 이런 거 할 만큼 대단한 사람도 아니고, 재능도 없습니다. 그래도 소원해 본다면 책으로 계속 여러분들을 만나고 싶습니다. 그동안 살아오면서 운 좋게도 오랜 기간 많은 지식을 배웠습니다. 또 가르치면서, 디자인 일을 하면서, 경험이 쌓이면서 저절로 알게 된 많은 지식들이 있습니다. 앞으로 이것들을 하나씩 꺼내서 제 지식이 필요한 많은 이들에게 도움이 되었으면 좋겠습니다.

작품규격(재단되었을 때의 규격):가로150mm×세로230mm, 작품 외곽선을 표현하고, 재단선은 3mm 재단여유를 두고 용도를 맞게 표시할 것.

C10M52Y90

C3M90Y92K63

감 영농기술연구소

문자 C10M52Y90

문자 K100

C3M90Y92K63~C10M52Y90 그러데이션

C10M52Y90

C3M90Y92K63

C26M100Y100

C6M72Y92

C4M51Y94

꽃 과실 중의
왕은 감이쇼!

문자(꽃, 왕, 감) C10M52Y90
나머지 문자 K100

C50Y100

문자 친환경농산물인증
C100M60

C100Y100

C100M60

C100~C100M40 그러데이션

C100M30

C15Y100~C80Y100 그러데이션

Korea Protected Geographical Indication
지리적표시 등록

C100M30

스산한 바람이 겨울을 재촉하고 있다.

혹독한 겨울은
야생의 동물들에게는
생명을 위협하는 시련이다.

동물들은 겨울이 오기 전에
충분한 먹이로 살을 찌워 두어야만
추위를 이겨내고 봄을 맞을 수 있다

우리의 조상들은
이런 동물들의 시련을 안쓰러워하여
나무 열매를 모두 수확하지 않고
"까치밥"으로 남겨 두었다.

먹을 것을 찾아 헤매는
겨울 나그네는 누구나
까치밥의 주인이다.

문자 W100
테두리 K100

자연스러운 곡선을 무지개색 단계로 표현

테두리 W100

M74Y100

M19Y89 그림자 효과

입체효과

불투명도 60%

배경에 이미지 2004_1을
배치한 후 필터적용

이미지 1004_5를
그림과 같이 배치한 후
파스텔효과 필터 적용

면 C24M9Y97
그림자 처리

테두리 W100
그림과 같이 입체감 처리

입체감 처리

면 W100 외부번짐 처리

문자 C90M34Y100K27
테두리 C6Y96

이미지 2004_3,4를
그림과 같이 배치한 후
테두리 K100
배경 W100
그림자 효과

이미지 2004_2를
그림과 같이 배치한 후
회화느낌의 필터 적용과
하단부분 망점효과 적용

M74Y100

M19Y89 그림자 효과

60%

0%

작품규격(재단되었을 때의 규격):가로160mm × 세로234mm, 작품 외곽선을 생략하고, 재단선은 3mm 재단여유를 두고 용도를 맞게 표시할 것.

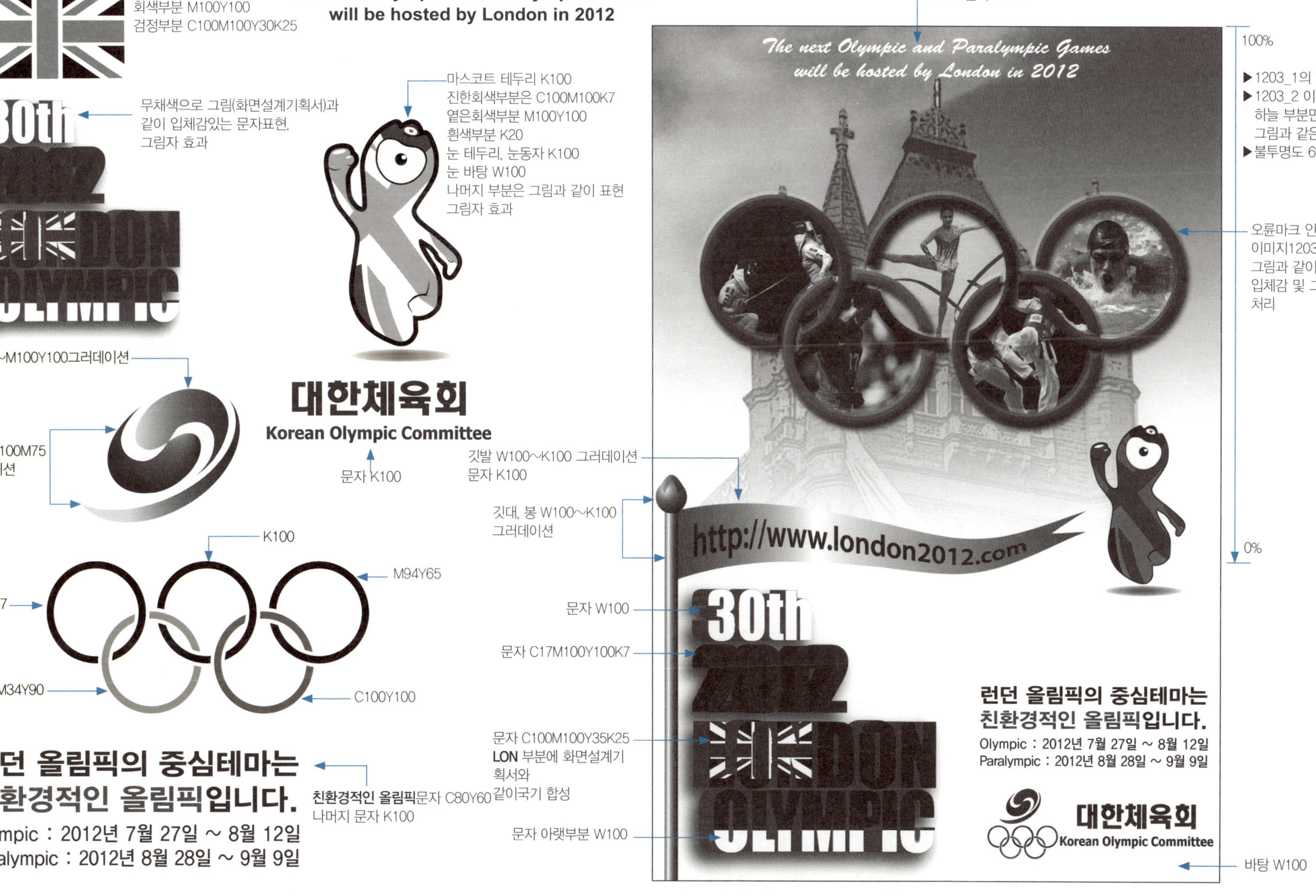

작품규격(재단되었을 때의 규격):가로164mm×세로240mm, 작품 외곽선을 표현하고, 재단선은 3mm 재단여유를 두고 용도를 맞게 표시할 것.

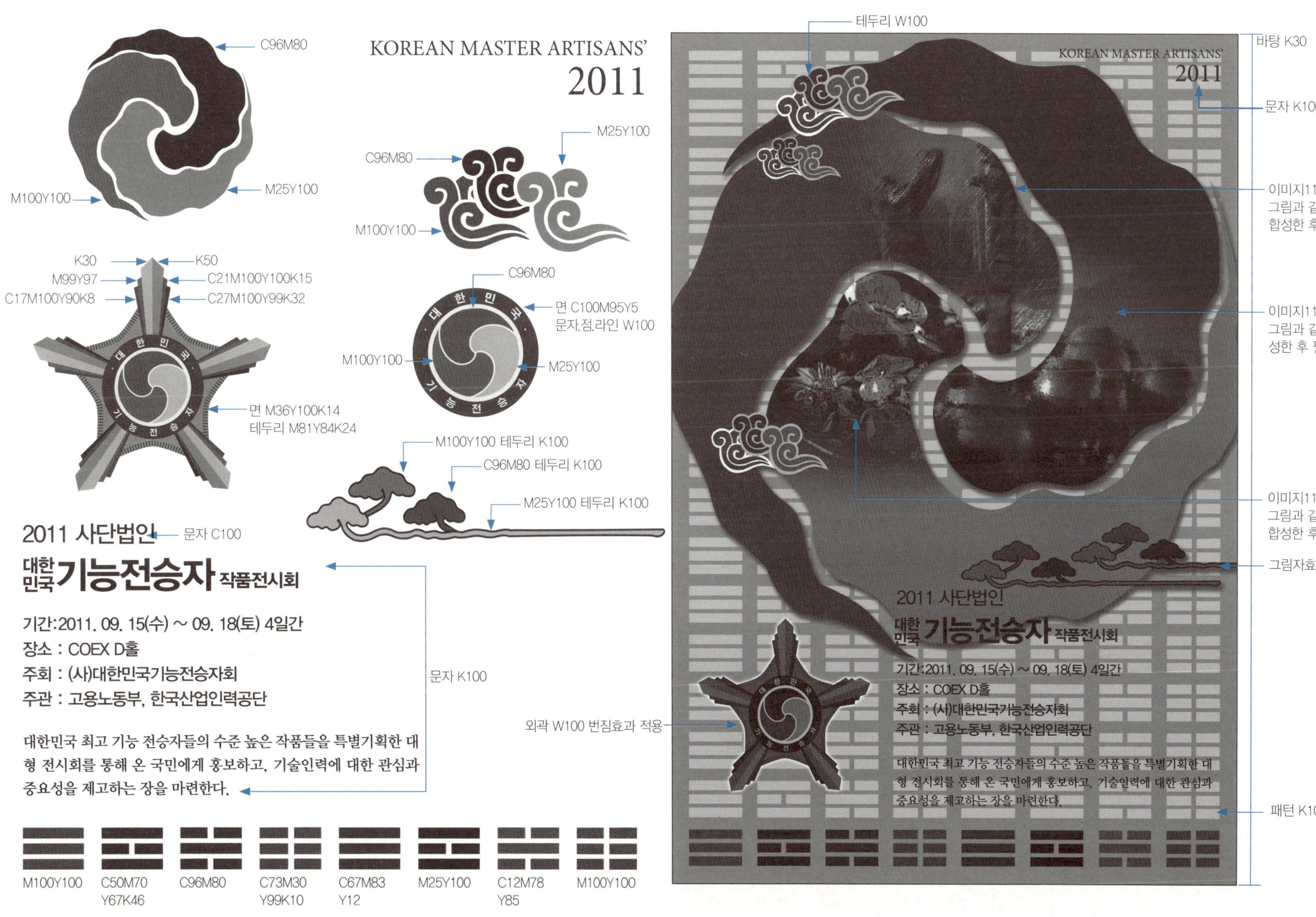

작품규격(재단되었을 때의 규격):가로156mm × 세로240mm, 작품 외곽선을 생략하고, 재단선은 3mm 재단여유를 두고 용도를 맞게 표시할 것.

작품규격(재단되었을 때의 규격):가로160mm×세로210mm, 작품 외곽선을 표현하고, 재단선은 3mm 재단여유를 두고 용도를 맞게 표시할 것.

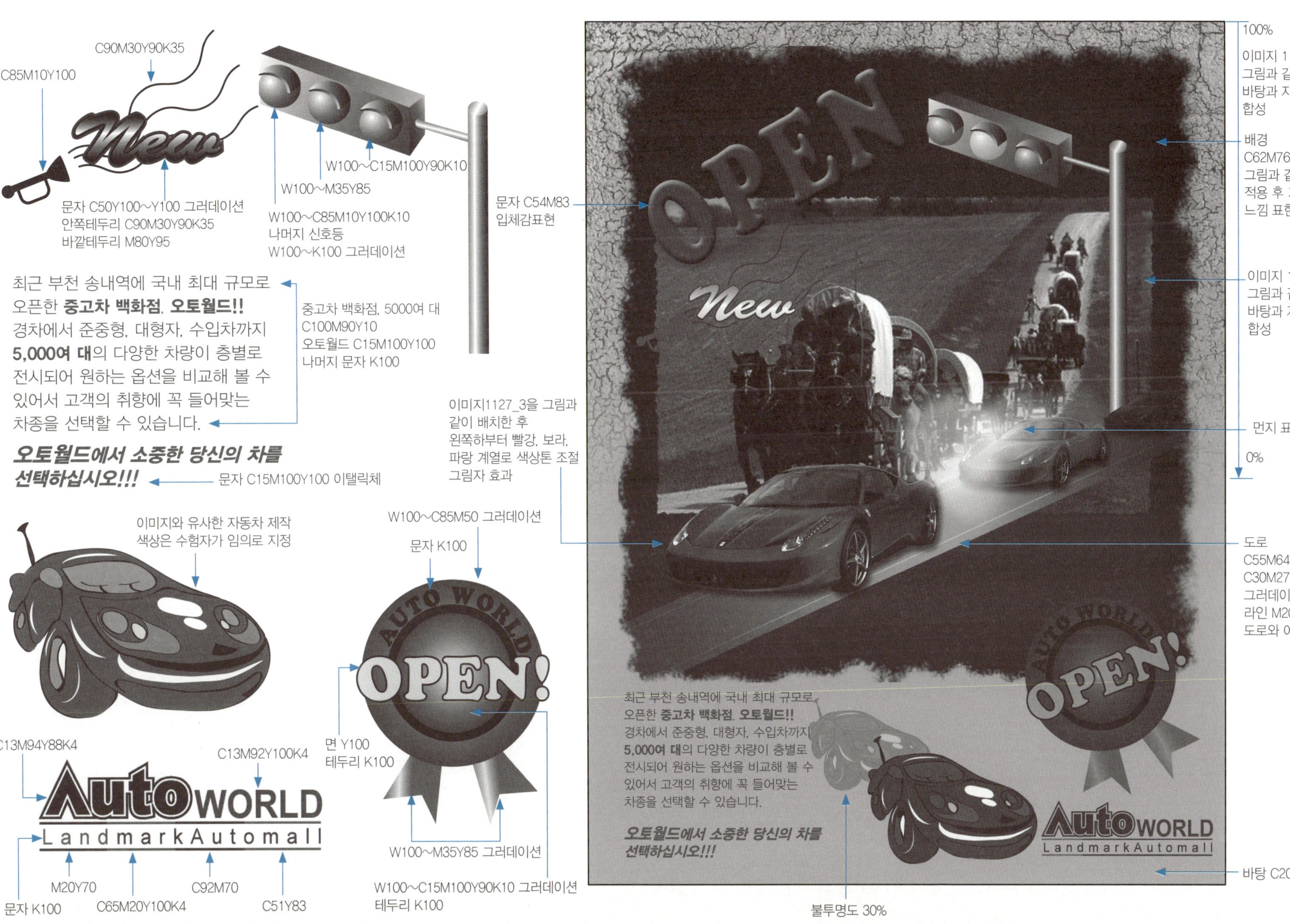

C85M10Y100

C90M30Y90K35

문자 C50Y100~Y100 그러데이션
안쪽테두리 C90M30Y90K35
바깥테두리 M80Y95

W100~M35Y85

W100~C15M100Y90K10

W100~C85M10Y100K10
나머지 신호등
W100~K100 그러데이션

문자 C54M83
입체감표현

100%
이미지 1127_1를
그림과 같이 배치한 후
바탕과 자연스럽게
합성

배경
C62M76Y90K40
그림과 같은 거친 질감
적용 후 가장자리 종이
느낌 표현

이미지 1127_2를
그림과 같이 배치한 후
바탕과 자연스럽게
합성

먼지 표현 W100

0%

도로
C55M64Y87K14 ~
C30M27Y100
그러데이션
라인 M20Y100K10
도로와 어울리게 강조

최근 부천 송내역에 국내 최대 규모로
오픈한 **중고차 백화점. 오토월드!!**
경차에서 준중형, 대형자, 수입차까지
5,000여 대의 다양한 차량이 층별로
전시되어 원하는 옵션을 비교해 볼 수
있어서 고객의 취향에 꼭 들어맞는
차종을 선택할 수 있습니다.

**오토월드에서 소중한 당신의 차를
선택하십시오!!!**

문자 C15M100Y100 이탤릭체

중고차 백화점, 5000여 대
C100M90Y10
오토월드 C15M100Y100
나머지 문자 K100

이미지1127_3을 그림과
같이 배치한 후
왼쪽하부터 빨강, 보라,
파랑 계열로 색상톤 조절
그림자 효과

이미지와 유사한 자동차 제작
색상은 수험자가 임의로 지정

W100~C85M50 그러데이션

문자 K100

면 Y100
테두리 K100

W100~M35Y85 그러데이션

W100~C15M100Y90K10 그러데이션
테두리 K100

C13M94Y88K4

C13M92Y100K4

문자 K100

M20Y70

C65M20Y100K4

C92M70

C51Y83

바탕 C20

불투명도 30%

작품규격(재단되었을 때의 규격):가로232mm×세로160mm, 작품 외곽선을 표현하고, 재단선은 3mm 재단여유를 두고 용도를 맞게 표시할 것.

작품규격(재단되었을 때의 규격):가로222mm×세로158mm, 작품 외곽선을 생략하고, 재단선은 3mm 재단여유를 두고 용도를 맞게 표시할 것.

C83M7Y95, 나머지 원 W100

M99Y97

C83M7Y95

문자 W100

인삼 C100M30Y95K30~
C15M100Y90K10 그러데이션

풍기.축제 C100M44~C5M100Y90K10 그러데이션

C100M30Y95K30~C15M100Y90K10 그러데이션
바닥에 반사되는 이미지 표현

선 M96Y23

C85M16Y100

그림과 같이 이미지 표현
캐릭터테두리 C10M96Y100 인삼테두리 C35M98Y95K54
얼굴,손 C9Y95 모자, 인삼잎 C85M16Y100
꽃,인삼.발 C18M94Y90 나머지는 수험자가 임의대로 표현

이미지 1021_1 불투명도50%를 그림과 같이 배치하고 배
경과 합성 후 필터적용

그림자 효과

테두리 W100 그림자 효과

배경 C20M11Y45그림과
같은 효과 적용

상단부터
▶ 이미지1021_5를
그림과 같이 배치 후
원 C55Y99 그림과
같은 효과 적용
▶ 이미지1021_4를
그림과 같이 배치 후
원 C62M100Y15
그림과 같은 효과 적용
▶ 이미지1021_3을
그림과 같이 배치한 후
원 C23M40Y64
그림과 같은 효과 적용
원 테두리 W100
그림자 효과

문자 C78M15Y78

문자 W100, 테두리 K100

문자 C78M15Y78

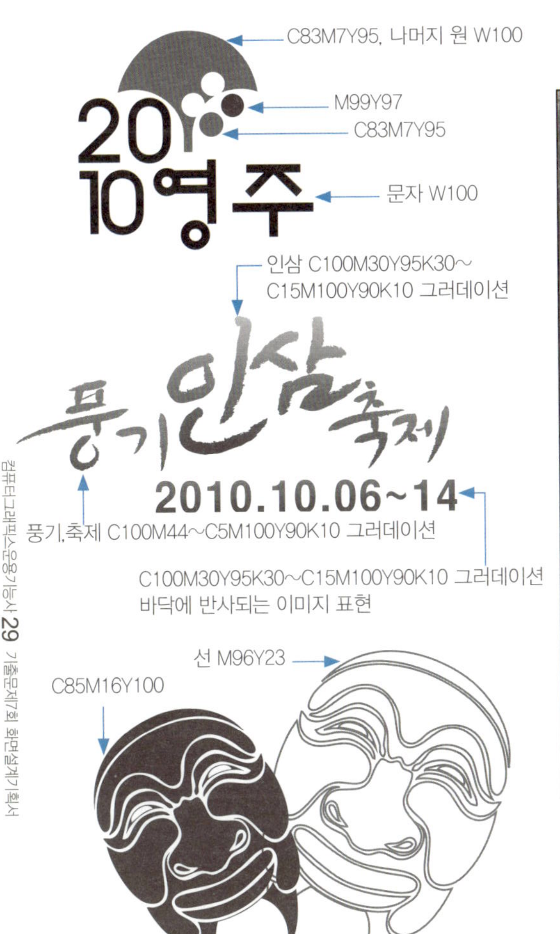

문자 C100M100에서 W100까지 5단계로 표현

문자 K100

장소 | 풍기광장
주최 | 영주시
주관 | (재)영주풍기인삼축제조직위원회
후원 | 문화체육관광부, 한국관광공사, 경상북도,
풍기인삼농업협동조합,
풍기인삼생산자판매인조합, 동양대학교 등

문자 C62M100Y15
테두리 W100
그림자 효과

문자 C55Y99 테두리 W100
그림자 효과

C23M40Y64 테두리 W100 그림자 효과

흥겨운 체험 한마당-
인삼을 테마로 다양한 체험이 여러분을 기다립니다.

맛과 멋의 즐거움-
맛과 멋이 살아 숨쉬는 축제를 통해 삶의 즐거움을 만끽하세요

함께하는 어울림-
풍성한 이벤트로 사람과 인삼이 하나되는 정겨운 놀이마당

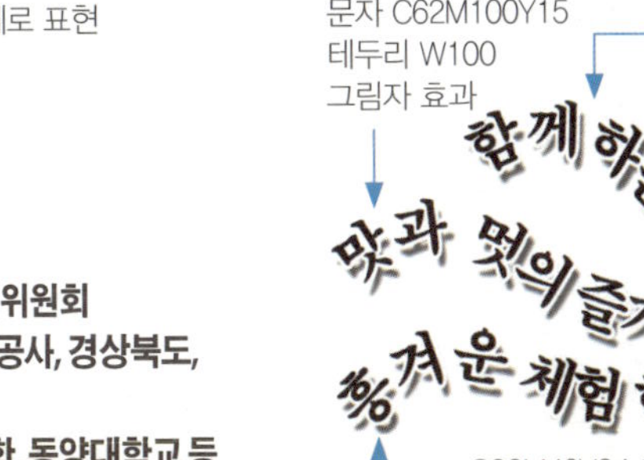

작품규격(재단되었을 때의 규격):가로160mm×세로210mm, 작품 외곽선을 표현하고, 재단선은 3mm 재단여유를 두고 용도를 맞게 표시할 것.

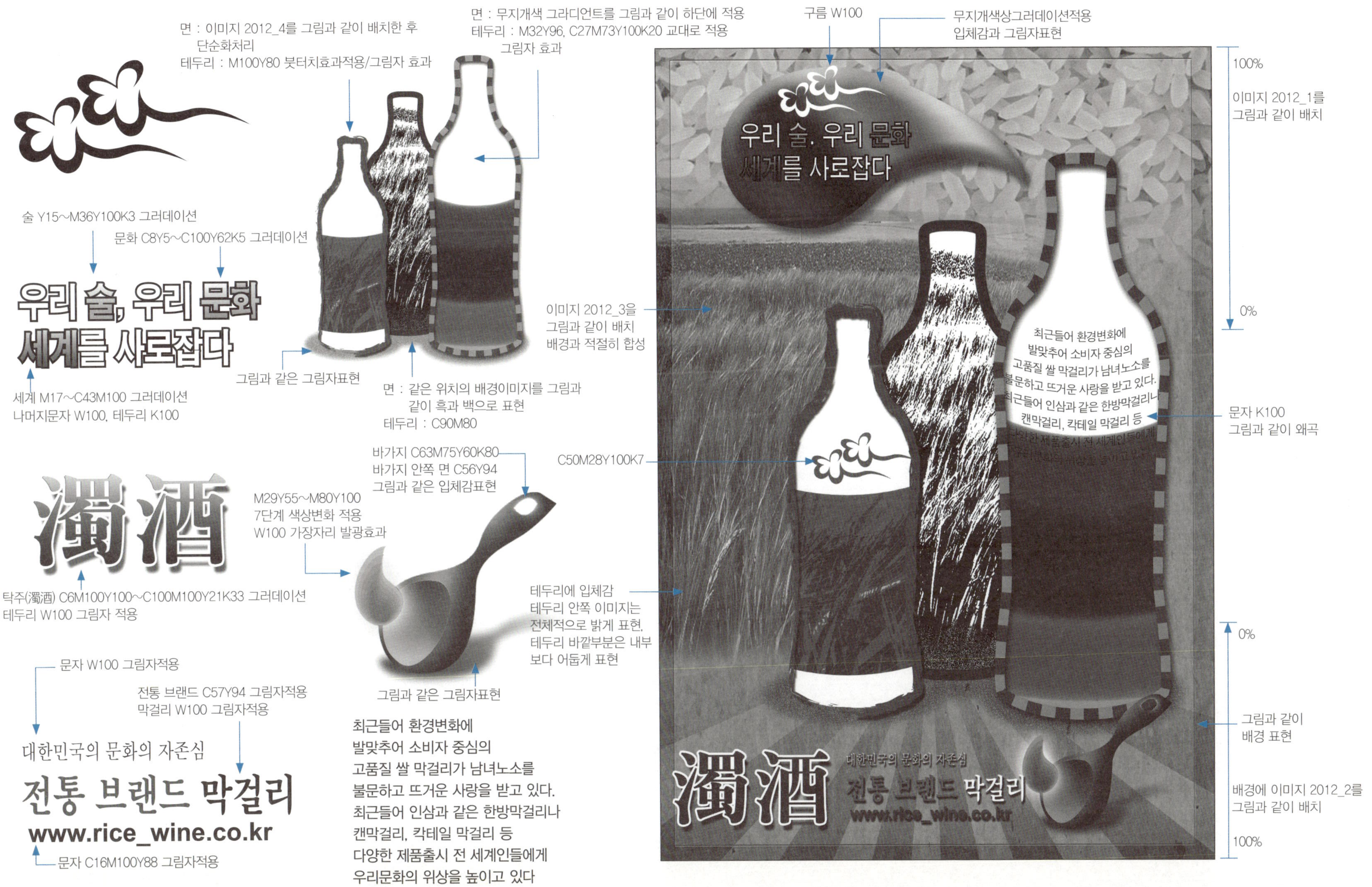

면 : 이미지 2012_4를 그림과 같이 배치한 후
   단순화처리
테두리 : M100Y80 붓터치효과적용/그림자 효과

술 Y15~M36Y100K3 그러데이션

문화 C8Y5~C100Y62K5 그러데이션

우리 술, 우리 문화
세계를 사로잡다

세계 M17~C43M100 그러데이션
나머지문자 W100, 테두리 K100

濁酒

탁주(濁酒) C6M100Y100~C100M100Y21K33 그러데이션
테두리 W100 그림자 적용

문자 W100 그림자적용

전통 브랜드 C57Y94 그림자적용
막걸리 W100 그림자적용

대한민국의 문화의 자존심

전통 브랜드 막걸리
www.rice_wine.co.kr

문자 C16M100Y88 그림자적용

그림과 같은 그림자표현

면 : 무지개색 그라디언트를 그림과 같이 하단에 적용
테두리 : M32Y96, C27M73Y100K20 교대로 적용
   그림자 효과

면 : 같은 위치의 배경이미지를 그림과
   같이 흑과 백으로 표현
테두리 : C90M80

바가지 C63M75Y60K80
바가지 안쪽 면 C56Y94
그림과 같은 입체감표현

M29Y55~M80Y100
7단계 색상변화 적용
W100 가장자리 발광효과

그림과 같은 그림자표현

최근들어 환경변화에
발맞추어 소비자 중심의
고품질 쌀 막걸리가 남녀노소를
불문하고 뜨거운 사랑을 받고 있다.
최근들어 인삼과 같은 한방막걸리나
캔막걸리, 칵테일 막걸리 등
다양한 제품출시 전 세계인들에게
우리문화의 위상을 높이고 있다

구름 W100

무지개색상그러데이션적용
입체감과 그림자표현

이미지 2012_1를
그림과 같이 배치

100%

0%

이미지 2012_3을
그림과 같이 배치
배경과 적절히 합성

C50M28Y100K7

테두리에 입체감
테두리 안쪽 이미지는
전체적으로 밝게 표현,
테두리 바깥부분은 내부
보다 어둡게 표현

문자 K100
그림과 같이 왜곡

0%

그림과 같이
배경 표현

배경에 이미지 2012_2를
그림과 같이 배치

100%

작품규격(재단되었을 때의 규격):가로156mm×세로210mm, 작품 외곽선을 표현하고, 재단선은 3mm 재단여유를 두고 용도를 맞게 표시할 것.

C5Y90~C35M100Y35K10 그러데이션

C75Y75~C75M100 그러데이션

불투명도 70%

이미지 1126_2를 그림과 같이 배치한 후 인물위주로 배경과 자연스럽게 합성

❶ C4M100Y100K26
❷ C100M100K59
❸ Y11K20
❹ C100M100K43
❺ M22Y100K5
❻ C4M100Y100K26
❼ C89M57Y90
나머지 선 K100

불투명도50%

문자 K100, 테두리 W100

배경 1126_1 이미지를 그림과 같은 위치에 배치하고 전체적으로 그림과 같은 효과적용

붓터치 W100

W~K 단계의 그러데이션으로 이미지와 같이 표현

그림과 같이 이미지 표현 색상은 수험자가 임의대로 적용

문자 귀농을 K100
꿈. 귀농귀촌 C30M100Y97
꾸십니까? C89M49Y100K13
나머지 문자 K100
테두리 W100, 그림자효과 적용

C41M28~C86M72 그러데이션

C7M91Y95~M98Y91K20 그러데이션

문자 W100

농업인재개발원
Agriculture Human Resource Development Institute

M34Y100~M51Y95 그러데이션

C50M95~C89M95Y72K10 그러데이션

문자 귀농귀촌 C30M100Y97
나머지 문자 K100

이미지 1126_3~7을 그림과 같이 배치한 후 합성
그림자 효과 적용

작품규격(재단되었을 때의 규격):가로156mm × 세로236mm, 작품 외곽선을 생략하고, 재단선은 3mm 재단여유를 두고 용도를 맞게 표시할 것.

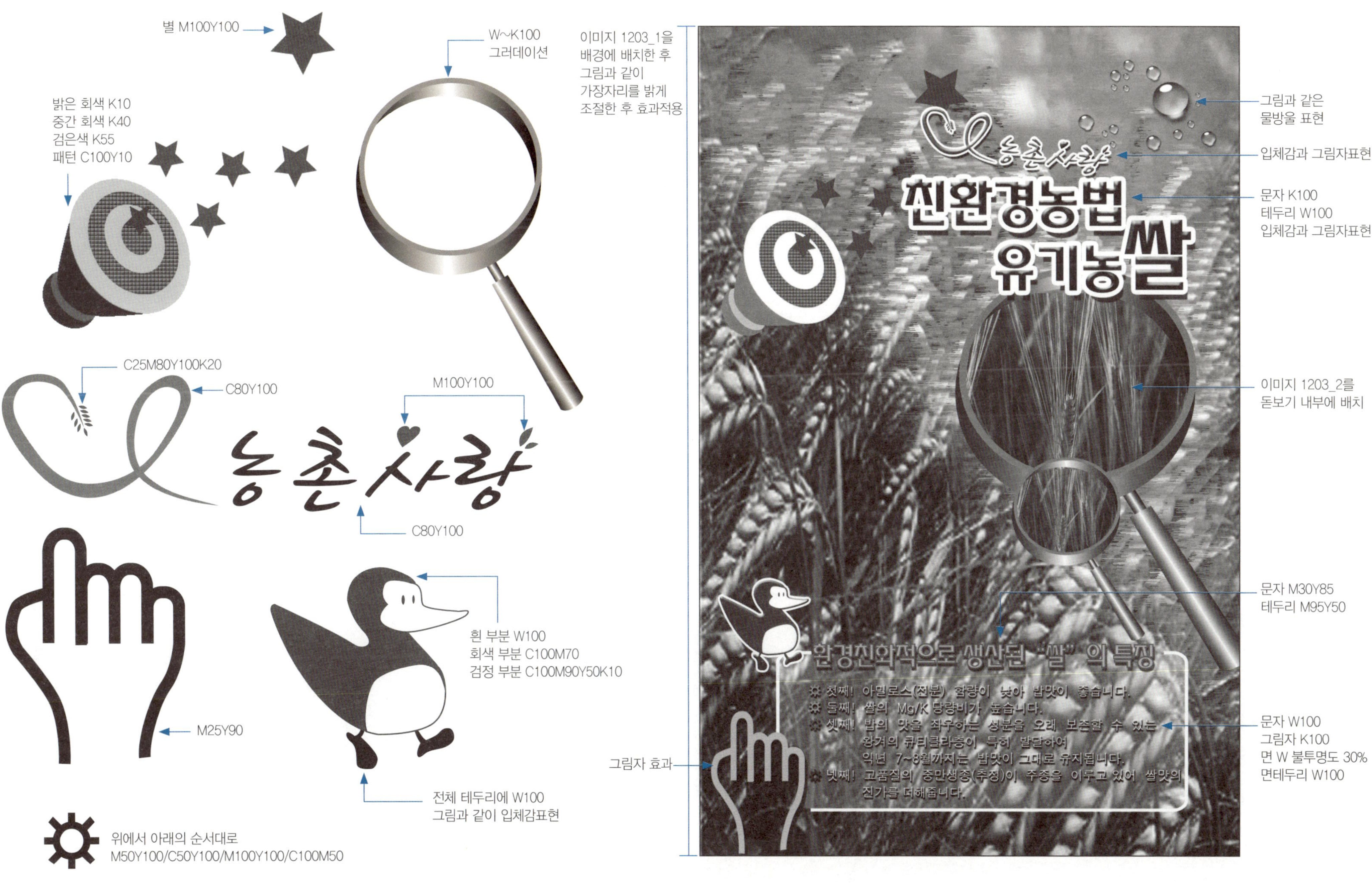

윤들쥔장과 컴퓨터그래픽스 운용기능사 비밀과외2390

컴퓨터그래픽스운용기능사실기시험 기출문제 동영상강의

제1회 · 포스터디자인 (CS6 한글)

제2회 · 포스터디자인 (CS6 한글)

제3회 · 포스터디자인 (CS3 영문)

제4회 · 포스터디자인 (CS3 영문)

제5회 · 전단지디자인 (CS6 한글)

컴퓨터그래픽스운용기능사 | 작품명 | 포스터디자인

01 화면설계기획서와 수험자료 검토하기

http://graphics.yoondle.com 동영상 강의 사이트에서 수험자료를 다운받고 압축을 풀어보면 '수험자료', '작업중', '결과물' 3개의 폴더가 있습니다. 시험장에는 수험생이 배정받은 PC의 바탕화면 등에 수험자료가 복사되어 있습니다. 작업 과정에 사용할 이미지 파일이 모두 있는지 화면설계기획서와 비교하여 확인합니다. D나 E 드라이브에 작업용 폴더를 만들고, 수험자료 폴더도 복사합니다. 시험 장에서는 재부팅 시 C 드라이브를 초기화하는 프로그램이 설치된 경우가 많습니다. 바탕화면이나 내 문서 등도 C 드라이브 영역이니 가능하면 다른 드라이브에서 작업하는 것이 바람직합니다.

확인사항

❶ 화면설계기획서와 수험자료를 충분히 검토하였는가?

❷ 작업순서를 예측하여 설계하고 시간을 분배하는 계획을 세웠는가?

❸ 수험자료 폴더와 작업용 폴더는 만일을 대비하여 D 드라이브에 생성하였는가?

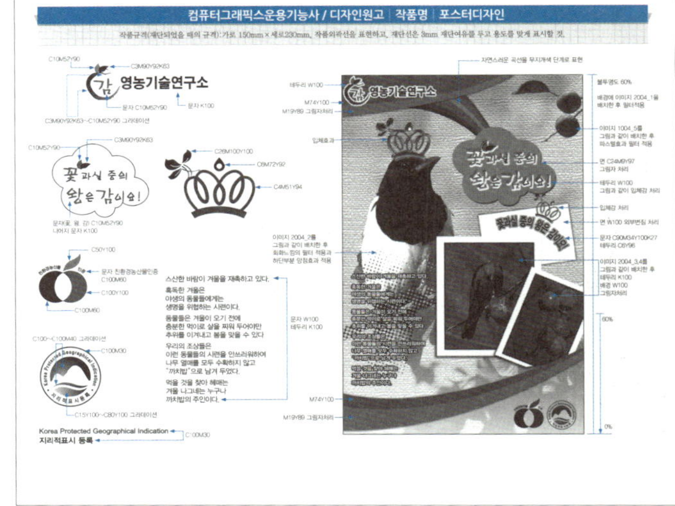

기출문제1회-01-화면설계기획서

02 작업기준 용도의 격자 만들기

Ai CS6 한글

화면설계기획서에 직접 30cm 자와 필기구로 가로/세로 4등분씩 격자를 그립니다. 일러스트레이터를 실행하여 새 작업창 Ctrl+N 을 열고 화면설계기획서의 작품규격대로 가로 폭×세로 폭(150×230mm)을 설정하여 작업 파일을 생성합니다. 사각형격자 도구를 선택하고 화면을 클릭하여 가로/세로 폭을 작품규격대로 설정하고 3줄씩 분할자를 주어 4등분 된 격자를 만듭니다. 선 도구를 선택하여 각 격자의 모서리를 연결하는 사선을 긋습니다. D 드라이브의 작업용 폴더에 저장 Ctrl+S 합니다.

확인사항

❶ 30cm 자를 이용해서 화면설계기획서에 4등분 격자를 표시할 수 있는가?

❷ 일러스트레이터에서 지시문의 규격에 따라 새로운 작업창을 만들 수 있는가?

❸ 일러스트레이터에서 화면설계기획서와 같은 4등분 격자를 표시할 수 있는가?

❹ 작업용 폴더를 만들고 파일을 저장하였는가?

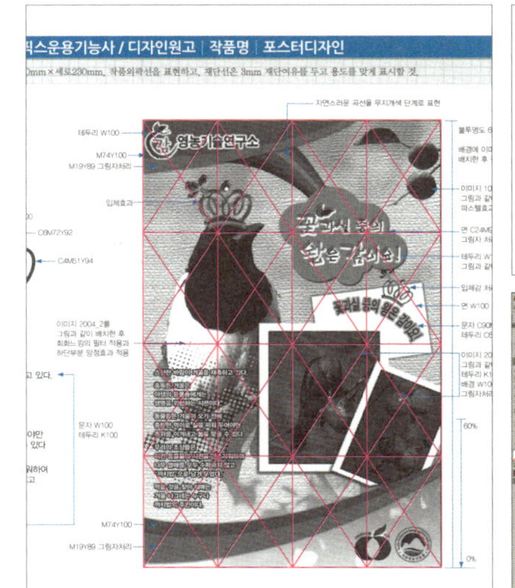
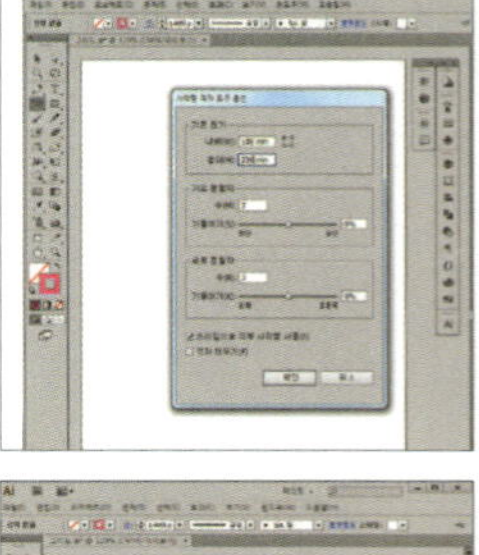
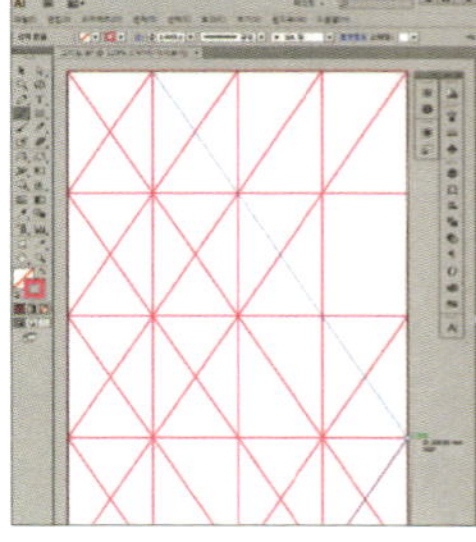

기출문제1회-일러스트-02-그리드만들기

03 포토샵에서 배경이미지 합성하기 1

포토샵을 실행하여 새 작업창 Ctrl+N 을 열고 재단선 영역을 고려하여 지시문의 규격보다 **6mm씩 더한 가로 폭×세로 폭(156×236mm)의 크기**로 설정합니다. 해상도는 100으로 정하여 제출제한용량 3MB를 넘지 않도록 합니다. 일러스트레이터에서 만든 격자를 복사 Ctrl+C 하여 포토샵에 붙이고 Ctrl+V 작업용 폴더에 저장 Ctrl+S 합니다. 수험자료 폴더의 '1004_1'을 크기와 위치를 맞추어 배치하고 불투명도 60%로 설정해서 흐릿하게 만듭니다. 레이어 패널 하단의 레이어 마스크 아이콘을 클릭하여 마스크를 만들고 흑백 그러데이션으로 아래로 갈수록 희미하게 만듭니다. 이미지에 **필터>텍스처>텍스처화 메뉴**를 실행하고 이미지를 보며 옵션창에서 적절한 수치를 조절합니다.

기출문제1회-포토샵-03-포토샵이미지작업하기

확인사항

❶ 재단선을 고려하여 포토샵에서 새 작업창을 만들 수 있는가?
❷ 일러스트레이터의 작업 이미지를 복사하여 포토샵으로 가져올 수 있는가?
❸ 수험자료 이미지를 화면설계계획서와 비교하며 크기를 조절할 수 있는가?
❹ 레이어마스크를 다룰 수 있는가?
❺ 화면설계기획서에서 적용된 필터 효과를 파악할 수 있는가?

04 포토샵에서 배경이미지 합성하기 2

수험자료 폴더의 '1004_2'를 열어 배경을 제외한 까치만 펜 도구나 자석올가미 도구 등을 이용하여 추출합니다. **편집>변형>가로로 뒤집기 메뉴**로 선택영역을 반전시킨 후 크기를 적당히 조절하고, 레이어마스크를 만들어 흑백 그러데이션을 적용하여 아래로 갈 수록 이미지가 사라지도록 표현합니다. 마스크 영역에서 **필터>픽셀화>색상 하프톤 메뉴**를 선택하고 옵션창에서 반경 8의 수치로 망점 크기를 설정해서 마스크레이어가 적용된 부분에 망점 효과를 표현합니다.

기출문제1회-포토샵-03-포토샵이미지작업하기

확인사항

❶ 필요한 이미지만 배경에서 추출하는 방법을 아는가?
❷ 적절한 필터메뉴를 찾아서 망점 효과를 줄 수 있는가?

05 포토샵에서 배경이미지 합성하기 3

수험자료 폴더의 '1004_3'을 가져와서 격자를 기준 삼아 위치와 크기를 조절합니다. **편집>획 메뉴**를 실행하고 선의 두께는 2px, 선은 검은색으로 설정합니다. 새 레이어를 생성하고 화면 하단에 이미지보다 약간 더 큰 크기로 흰 사각형을 만듭니다. 레이어스타일에서 **그림자 효과**를 실행하여 적당한 크기의 그림자를 만듭니다. 그림자의 각도는 좌측 하단으로 향하도록 조절해 주어야 합니다. 이미지 '1004_4'도 '1004_3'과 같은 방법으로 작업합니다. 작업과정에서 많은 레이어를 만들게 되므로 레이어 패널이 갈수록 복잡해집니다. 비슷한 영역의 레이어들은 하나의 그룹으로 묶어 정리하도록 하세요.

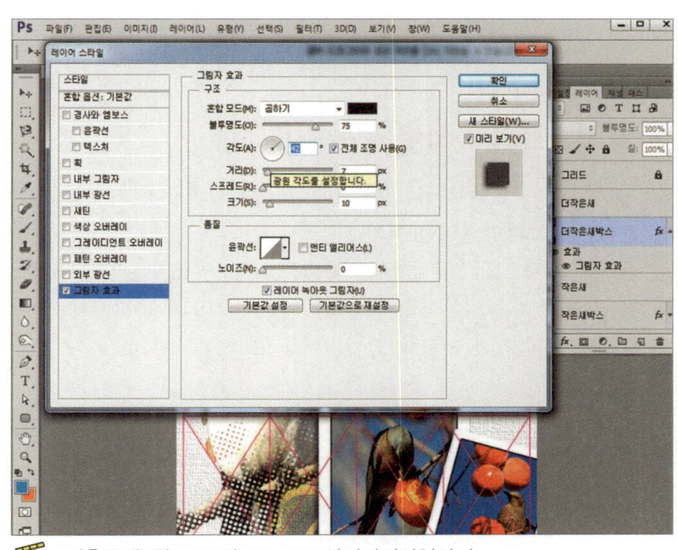

기출문제1회-포토샵-03-포토샵이미지작업하기

확인사항

❶ 이미지에 테두리를 만드는 방법을 이해하는가?
❷ 레이어스타일의 그림자 효과 메뉴에 있는 각 옵션의 특징을 알고 있는가?

06 포토샵에서 배경 이미지 작업하기 4

수험자료 폴더에서 '1004_5'를 열고 마술봉 도구를 이용하여 배경을 클릭하여
선택영역을 만들고 **선택>반전 메뉴**로 선택영역을 반전시켜 감 이미지만 선택하
여 작업창으로 가져옵니다. 격자를 기준으로 삼아 화면 우측 상단에 배치하고 크
기를 조절합니다. **필터>예술화>거친 파스텔 효과 메뉴**로 화면설계기획서와 같은
효과를 줄 수 있도록 옵션값을 적절히 조절합니다.

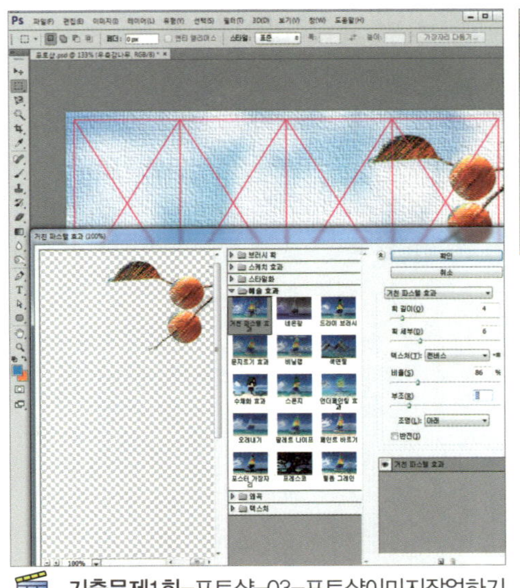

확인사항

❶ 마술봉 도구의 허용치 옵션을 조절하여 선택영역을 설정할 수 있는가?
❷ 선택영역 반전 방법을 적절히 활용할 수 있는가?
❸ 예술화 필터의 옵션값을 조절하여 화면설계기획서와 같게 만들 수 있는가?

기출문제1회-포토샵-03-포토샵이미지작업하기

07 일러스트레이터로 로고 만들기

일러스트레이터를 실행하여 저장해 둔 '그리드 파일'을 열고 '포토샵' 파일을 가
져와서 화면 중앙에 배치합니다. 로고를 만들기 위해 원 도형을 생성하고 필요 없
는 부분은 잘라냅니다. **예술브러시 도구**에서 적당한 느낌의 붓 터치 효과를 적용
하여 캘리그라피 느낌으로 표현합니다. 선의 굵기가 가늘다면 브러시 패널의 옵
션으로 두께를 조절합니다. 펜 도구로 나뭇잎 형태를 만들고 회전 도구를 사용하
여 각도를 조절하여 나뭇잎을 두 개 더 만듭니다. '감'을 입력하고 '센스체 33pt'
를 지정합니다. 사용하는 컴퓨터에 '센스체'가 없다면 적당한 손글씨 서체로 입
력한 다음 **윤곽선 만들기**를 이용해 글자를 도형으로 만들고 화면설계기획서와
비슷하게 수정해야 합니다. '영농기술연구소'는 '견고딕 20pt'로 지정해 주어 위
치를 잡아주면 됩니다. 두꺼운 고딕계열의 서체가 없다면 기본 서체인 돋움체에
두께를 '0.9pt' 지정해 주어서 두꺼운 느낌으로 표현합니다.

확인사항

❶ 브러시 라이브러리의 용도를 아는가?
❷ 패널 옵션을 사용하여 선의 두께와 방향을 조절할 수 있는가?
❸ 사용할 서체가 없는 경우 기본 서체를 응용하여 표현할 수 있는가?
❹ 회전 도구의 성질을 이해하며 사용할 수 있는가?

기출문제1회-일러스트-04-로고요소만들기

08 일러스트레이터로 구름 만들기

화면설계기획서를 참고하여 다른 크기의 원을 8개 만들고 서로 포개어지도록 배
치합니다. **패스파인더의 합치기** 기능을 사용하여 구름형태를 제작합니다. '꽃과
실 중의 왕은 감이요!' 글자를 입력하고 '19pt, 센스체'를 지정한 다음 '꽃,왕,감'
글자는 '26pt'로 크기를 설정합니다. 로고의 나뭇잎을 복사해서 '꽃' 글자의 우
측 상단에 배치하고, 화면설계기획서의 지시문을 참고하여 글자와 도형에 각각
색을 지정합니다.

확인사항

❶ 패스파인더의 기능을 이해하고 여러 도형을 하나로 합칠 수 있는가?
❷ 문자의 크기와 색상을 다양하게 변화시키며 작업할 수 있는가?

기출문제1회-일러스트-05-꽃과실 구름만들기

09 일러스트레이터로 왕관 만들기

❶선 두께 4pt로 타원 4개를 만들고 위치와 각도를 조절하여 왕관의 외형을 만듭니다. ❷모양확장 메뉴로 선을 면으로 변환하고 **패스파인더**의 **나누기, 그룹해제** 기능으로 필요 없는 부분을 선택하여 제거합니다. ❸왕관 내부에 선 두께 6pt인 타원 세 개를 만들고 크기와 각도, 위치를 조절하여 선이 연결되어 보이도록 배치합니다. ❹모양확장 메뉴로 면으로 변환하고 패스파인더의 합치기 기능으로 왕관의 테두리 부분과 합칩니다. ❺왕관 하단에는 펜 도구로 선 두께 9pt인 곡선을 그리고 면으로 변환합니다. ❻**패스파인더**의 **나누기와 합치기**로 필요 없는 부분을 정리합니다. ❼왕관 상단에는 원 도형을 이용하여 뾰족한 물방울 형태를 만들고 내부에 작은 원을 긋습니다. 펜 도구로 나뭇잎을 드로잉 하고 브러시 도구로 줄기 부분을 드로잉 합니다.

확인사항

❶ 선을 면으로 변환할 수 있는가?
❷ 패스파인더를 이용한 '형태제작' 방법을 아는가?
❸ 펜 도구와 브러시 도구의 성질을 구분하여 작업에 활용할 수 있는가?

기출문제1회-일러스트-06-왕관만들기

10 일러스트레이터로 친환경마크 만들기 1

같은 크기의 두 원 도형을 서로 겹치게 배치하고, 패스파인더의 나누기 기능으로 겹치는 부분을 제거합니다. 펜 도구로 이파리 형태를 드로잉 합니다. 펜 도구로 왼쪽 원 위에 곡선을 그리고 패스 위의 문자 도구로 '친환경농산물'을 입력합니다. 글자의 크기는 9pt, 서체는 돋움으로 설정합니다. 같은 방법으로 오른쪽 원 위에도 '인증' 글자를 입력합니다. 화면설계기획서의 지정색을 적용하여 마무리합니다.

확인사항

❶ 패스파인더로 도형의 필요 없는 오브젝트를 추출하여 제거할 수 있는가?
❷ 패스 위의 문자 도구를 이용하여 흐르는 문자를 표현하는 방법을 아는가?

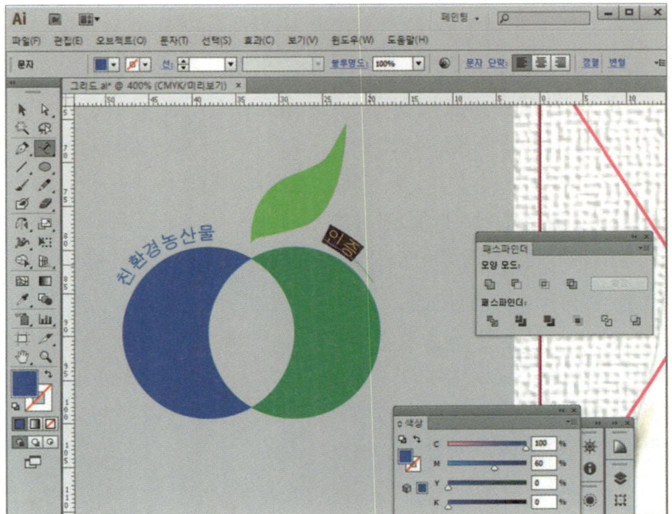

기출문제1회-일러스트-07-친환경마크만들기

11 일러스트레이터로 친환경마크 만들기 2

큰 원과 작은 원을 만들고 가운데 정렬시키고, 작은 원은 따로 복사해서 오른쪽에 둡니다. 패스 위의 문자 도구로 왼쪽 작은 원의 패스를 클릭하여 '● Korea Protected Geographical Indication ●' 문장을 입력하고 선택 도구로 정렬시킵니다. 문자 패널의 '기준선 이동'을 4pt로 설정하여 큰 원과 작은 원 사이의 공간에 글자가 오도록 합니다. 작은 원을 복사하여 '지리적표시등록'으로 글자를 수정하고, 글자의 위치와 방향을 수정합니다. 글자의 방향이 바뀌면 원 내부에 문자가 배치되므로 문자 패널에서 '기준선 이동'의 수치를 -7pt로 설정해서 패스선 아래로 내려가도록 해야 합니다. 이전에 복사해 둔 작은 원에는 펜 도구로 산 형태의 곡선을 드로잉 하고 패스파인더의 나누기 기능으로 필요 없는 부분을 삭제합니다. 각각의 영역에 지시문의 색을 적용하고 그러데이션은 화면설계기획서의 명암 방향을 잘 확인하며 적용해야 합니다.

확인사항

❶ 패스 위의 문자 도구를 사용하여 글자를 입력하고 선택 도구로 글자의 위치를 조절할 수 있는가?
❷ 문자 패널의 기준선이동 옵션으로 패스와 글자의 간격을 조절할 수 있는가?
❸ 흑백 프린트물인 화면설계기획서에서 그러데이션의 방향을 판단할 수 있는가?

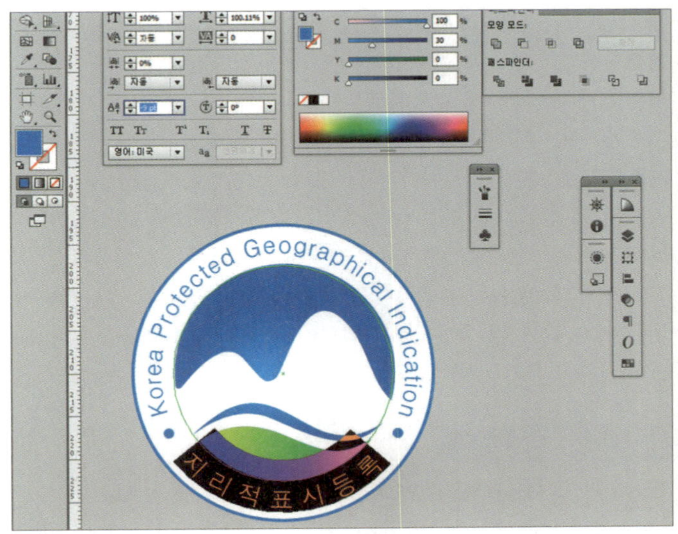

기출문제1회-일러스트-07-친환경마크만들기

12 화면 상단, 하단의 띠 만들기 Ps CS6 한글

포토샵 파일을 열고 상단, 하단에 있는 두 줄의 띠를 만들어주기 위해 펜 도구의 '모양레이어' 옵션을 체크해줍니다. 모양레이어 옵션을 선택하면 자동으로 레이어가 생성되며 펜 도구로 만든 도형에 전경색이 바로 채워집니다. 화면설계기획서를 참고하여 곡선을 드로잉 하고, 노랑띠와 주황띠는 각각 분리하여 별개의 레이어로 만듭니다. 하단에도 같은 방법으로 두 개의 띠 레이어를 만듭니다. 유사한 작업을 반복하므로 레이어의 이름을 입력하여 두면 구분이 쉽습니다. 노랑띠가 있는 레이어에 **레이어스타일>그림자 효과**를 각각 적용합니다.

확인사항

❶ 펜 도구를 이용한 드로잉 방법을 알고, 모양레이어 옵션의 기능을 이해하는가?
❷ 레이어스타일 중 그림자 효과의 여러 옵션을 이해하고 사용할 수 있는가?

기출문제1회-포토샵-8-띠만들기

13 일러스트레이터에서 복사하기 1 Ps CS6 한글

일러스트레이터 파일을 열어 로고를 복사 Ctrl+C 하고 포토샵의 작업창에 붙이기 Ctrl+V 합니다. 격자를 기준으로 삼아 위치와 크기를 조절하고 좌측 상단에 배치합니다. **레이어스타일>획**을 선택해서 3pt의 흰색 테두리를 만듭니다. 테두리의 위치를 바깥쪽으로 설정해야 로고의 크기가 유지됩니다. 까치 머리 위의 왕관도 일러스트레이터에서 복사해서 포토샵 작업창에 붙여 넣고 위치와 크기를 조절합니다. **레이어스타일>경사와 엠보스**를 선택하여 스타일은 '엠보스', '거칠게 깎기' 기법을 선택해서 입체감을 표현합니다. 친환경인증마크도 같은 요령으로 우측 하단에 배치합니다.

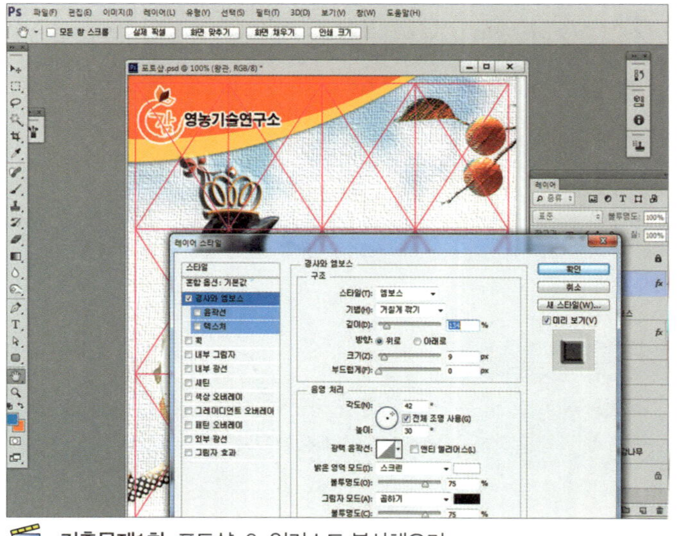

확인사항

❶ 일러스트레이터의 오브젝트를 포토샵 작업창으로 가져올 수 있는가?
❷ 레이어스타일로 테두리나 입체감을 표현할 수 있는가?

기출문제1회-포토샵-9-일러스트 복사해오기

14 일러스트레이터에서 복사하기 2 Ps CS6 한글

새 레이어를 생성하고 글자의 배경으로 사용할 흰색 사각형을 만듭니다. 화면설계기획서를 참고하여 위치/크기/기울기를 조절합니다. 가장자리에 명암을 표현하기 위해 레이어스타일의 **외부광선**을 '혼합모드 곱하기'로 설정하고 검은색으로 지정합니다. 펜 도구를 선택하고 '패스' 옵션을 선택하고 글자를 입력하기 위한 패스를 만듭니다. 패스 위에서 문자 도구로 클릭하여 '꽃과실 중의 왕은 감이요!' 글자를 입력하고 '돋움 16pt', '자간 −80', '장체 60%'로 설정합니다. 레이어 패널에서 마우스 오른쪽 버튼을 눌러 **문자 레스터화**를 선택합니다. 이미지화된 글자에 **편집>획 메뉴**를 선택해서 2px의 두께를 지정해줍니다. **레이어스타일>획**을 선택하여 지시문의 색상을 설정하고 3px 두께의 테두리를 줍니다. 왕관 레이어를 복사하고 크기/기울기 등을 조절하여 글자 위에 배치합니다.

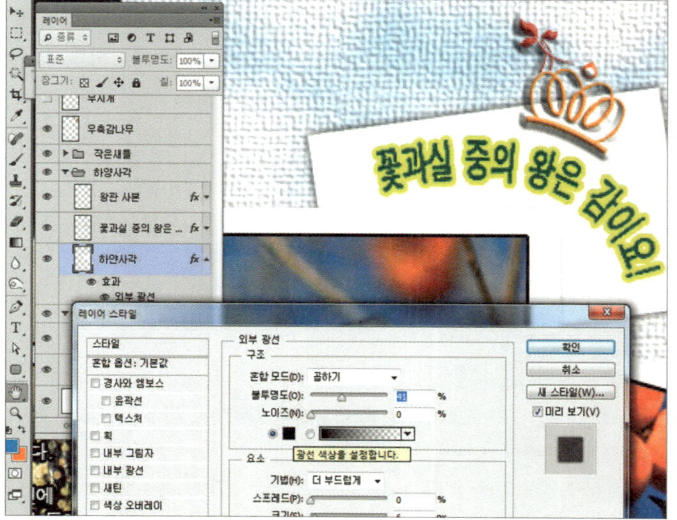

확인사항

❶ 레이어스타일 중 외부광선으로도 그림자효과를 표현할 수 있는가?
❷ 포토샵에서 두꺼운 서체를 만드는 과정을 이해하는가?

기출문제1회-포토샵-9-일러스트 복사해오기

15 무지개와 구름 만들기

포토샵 작업창에 구름을 옮겨두고 **레이어스타일〉그림자 효과**를 선택하여 우측 하단으로 그림자를 표현합니다. 구름 안의 글자는 **레이어스타일〉획**을 선택하고 흰색, 5px로 설정합니다. **경사와 엠보스**를 선택해 '획 엠보스', '거칠게 깎기'를 선택하여 입체감을 표현합니다. 구름 이미지와 글자는 각각 레이어스타일을 적용해야 하므로 따로 복사해 온 것입니다. 포토샵 작업 파일을 저장 Ctrl+S 하고 다시 일러스트레이터를 실행하면 배경의 포토샵 파일이 업데이트된 것을 확인할 수 있습니다. 일러스트레이터에서 구름과 상단 띠의 위치를 참고하여 펜 도구로 무지개를 드로잉 하고 색을 지정합니다. 무지개를 복사하여 다시 포토샵으로 가져옵니다. 레이어 패널에서 레이어의 순서를 조절하여 무지개가 구름과 상단 띠 레이어의 아래로 오도록 합니다.

확인사항

❶ 경사와 엠보스의 '획 엠보스'를 다룰 수 있는가?
❷ 일러스트레이터에서 포토샵 파일의 업데이트를 위해 링크 설정을 제대로 하였는가?

기출문제1회–포토샵–10–포토샵마무리하기

16 포토샵 작업완료 및 저장하기

화면 왼쪽 아래에 내용글을 입력하고 화면설계기획서를 참고하여 문단을 정리합니다. 고딕계열의 서체로 지정한 후 9pt로 글자 크기를 설정합니다. 행간과 자간을 조절하여 간격을 조절하고 글자색은 흰색으로 바꿉니다. **레이어스타일〉획**을 선택하여 바깥쪽으로 2px의 두께를 주고 검은색을 지정합니다. 작업이 끝났으므로 포토샵 작업 파일을 마지막으로 저장 Ctrl+S 하고, 다시 **파일〉다른이름으로 저장 메뉴**를 선택하여 파일명은 비번호로 입력하고 **JPEG 형식**을 선택합니다. 옵션에서 품질을 '최고'로 설정하여 승인합니다. **반드시 jpg 파일로 저장하는 단계 이전에는 격자 레이어를 보이지 않게 해야 합니다.**

확인사항

❶ 인디자인으로 가져가기 위한 이미지 저장 방식을 알고 있는가?
❷ 시험감독관이 정해주는 위치에 폴더를 생성하고 파일을 저장할 수 있는가?

기출문제1회–포토샵–10–포토샵마무리하기

17 인디자인에서 마무리하기

인디자인을 실행하여 새 작업창 Ctrl+N 을 열고 'A4 규격'을 선택한 후 여백을 모두 0mm로 지정합니다. 사각프레임 도구를 선택하여 화면 가운데를 클릭하여 가로 폭×세로 폭(156×236mm)의 수치를 입력합니다. **파일〉가져오기 메뉴**로 저장해 둔 JPEG 파일을 가져옵니다. 다시 한 번 사각프레임 도구를 선택하여 가로 폭×세로 폭(150×230mm)의 수치를 입력하고 두 사각형을 모두 선택하여 정렬 패널에 맞춤대상을 페이지에 정렬을 선택한 다음 수평/수직 모두 가운데 정렬로 페이지 가운데에 배치합니다. 작품 외곽선을 표현하라는 지시문대로 안쪽의 사각형에 '1pt'의 테두리를 지정합니다.

확인사항

❶ 인디자인에서 신규 파일의 크기를 설정하고 여백의 수치를 입력할 수 있는가?
❷ 원하는 크기의 프레임을 생성하고, 프레임에 이미지를 불러올 수 있는가?
❸ 정렬 패널을 사용하여 여러 오브젝트를 페이지의 가운데에 정렬시킬 수 있는가?

기출문제1회–인디자인–11–인디자인에서 마무리하기

18 재단선 만들기

안쪽 사각형의 왼쪽 상단 모서리를 원점으로 설정하고, 사각형의 네 모서리 바깥으로 길이 7mm, 두께 0.5pt의 재단선을 만듭니다. 재단선 작업을 할 때에는 안내선을 설정해두고 작업하는 것이 정확하며, 매번 선을 긋지 말고 가로/세로 재단선 한 세트를 복사해서 각 모서리에 배치하는 것이 빠릅니다. 좌측 하단에 프레임 상자를 만들고 '10pt 고딕' 계열의 서체로 비번호를 입력합니다.

확인사항

❶ 좌표의 원점을 원하는 위치로 이동할 수 있는가?
❷ 선의 기준을 정하여 좌표를 지정하는 방법을 알고 있는가?
❸ '단계 및 반복' 메뉴를 사용하여 오브젝트를 복제할 수 있는가?
❹ 인디자인에서는 텍스트 입력을 위해 반드시 프레임이 필요하다.

기출문제1회–인디자인–11–인디자인에서 마무리하기

19 파일저장 및 프린트

인디자인에서의 작업이 완료되면 비번호로 파일명으로 저장 Ctrl + S 합니다. 감독관의 지시에 따라 인디자인 파일과 JPEG 파일이 저장된 폴더를 제출하고 프린터가 연결된 컴퓨터에서 인디자인 파일을 열어 A4 용지에 100% 크기로 프린트를 실행합니다. 프린트된 용지를 시험장에서 제공하는 A3 켄트지에 붙여서 제출합니다. 보통 감독관이 프린트 등의 제출과정을 대신 하지만 여러분이 직접 해야 할 수도 있으므로, 반드시 인디자인에서 프린트를 하는 연습을 해 두어야 합니다.

확인사항

❶ 제출할 파일의 총용량이 3MB를 초과하지는 않았는가?
❷ 파일〉인쇄 메뉴를 사용하여 프린트를 할 수 있는가?

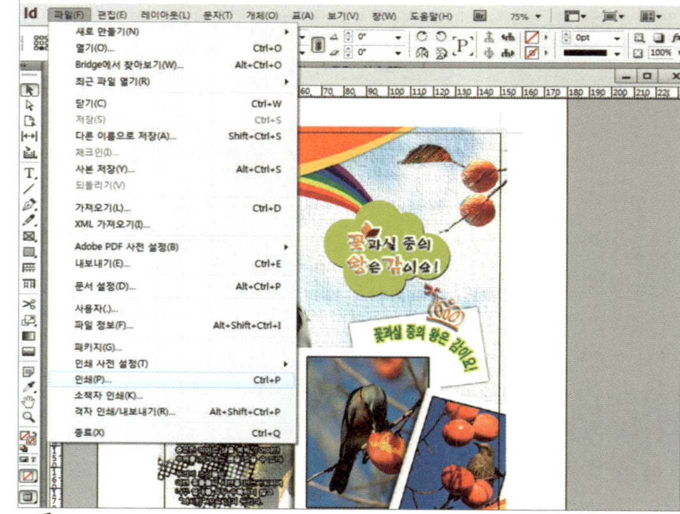

기출문제1회–인디자인–11–인디자인에서 마무리하기

컴퓨터그래픽스운용기능사 │ 작품명 │ 포스터디자인

01 화면설계기획서와 수험자료 검토하기

http://graphics.yoondle.com 동영상 강의 사이트에서 수험자료를 다운받고 압축을 풀어보면 '수험자료', '작업중', '결과물' 3개의 폴더가 있습니다. 시험장에는 수험생이 배정받은 PC의 바탕화면 등에 수험자료가 복사되어 있습니다. 작업과정에 사용할 이미지 파일이 모두 있는지 화면설계기획서와 비교하여 확인합니다. D 나 E 드라이브에 작업용 폴더를 만들고, 수험자료 폴더도 복사합니다. 시험장에서는 재부팅 시 C 드라이브를 초기화하는 프로그램이 설치된 경우가 많습니다. 바탕화면이나 내 문서 등도 C 드라이브 영역이니 가능하면 다른 드라이브에서 작업하는 것이 바람직합니다.

확인사항

❶ 화면설계기획서와 수험자료를 충분히 검토하였는가?

❷ 작업순서를 예측하여 설계하고 시간을 분배하는 계획을 세웠는가?

❸ 수험자료 폴더와 작업용 폴더는 만일을 대비하여 D 드라이브에 생성하였는가?

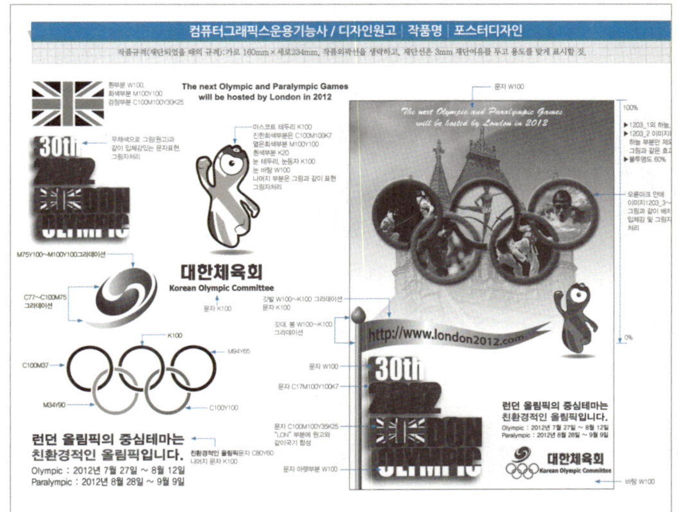

🎬 기출문제2회-01-화면설계기획서

02 작업기준 용도의 격자 만들기

Ai CS6 한글

화면설계기획서에 직접 30cm 자와 필기구로 가로/세로 4등분씩 격자를 그립니다. 일러스트레이터를 실행하여 새 작업창 Ctrl + N 을 열고 화면설계기획서의 작품규격대로 가로 폭×세로 폭(160×234mm)을 설정하여 작업 파일을 생성합니다. 사각형격자 도구를 선택하고 화면을 클릭하여 가로/세로 폭을 작품규격대로 설정하고 3줄씩 분할자를 주어 4등분 된 격자를 만듭니다. 선 도구를 선택하여 각 격자의 모서리를 연결하는 사선을 긋습니다. D 드라이브의 작업용 폴더에 저장 Ctrl + S 합니다.

확인사항

❶ 30cm 자를 이용해서 화면설계기획서에 4등분 격자를 표시할 수 있는가?

❷ 일러스트레이터에서 지시문의 규격에 따라 새로운 작업창을 만들 수 있는가?

❸ 일러스트레이터에서 화면설계기획서와 같은 4등분 격자를 표시할 수 있는가?

❹ 작업용 폴더를 만들고 파일을 저장하였는가?

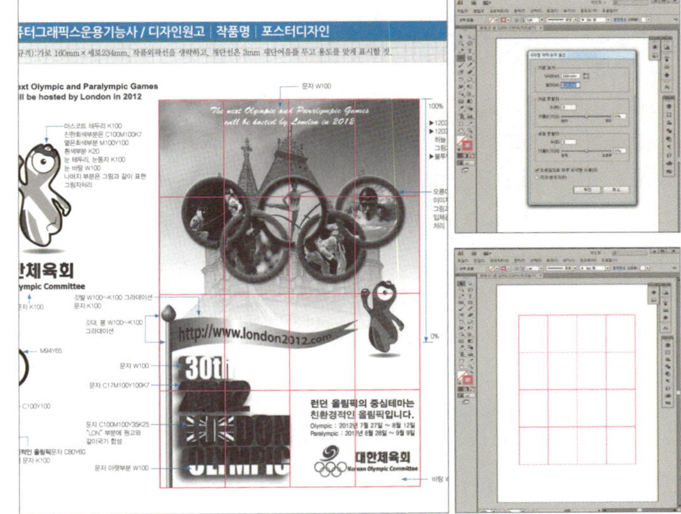

🎬 기출문제2회-일러스트-02-그리드만들기

03 포토샵에서 배경 이미지 작업하기

포토샵을 실행하여 새 작업창 Ctrl + N 을 열고 재단선영역을 고려하여 지시문의
규격보다 **6mm씩 더한 가로 폭×세로 폭(166×240mm)의 크기**로 설정합니다.
해상도는 100으로 정하여 제출제한용량 3MB를 넘지 않도록 합니다. 작업한 격
자를 복사 Ctrl + C 하여 붙이기 Ctrl + V 합니다. 포토샵 파일도 작업중 폴더에 저
장 Ctrl + S 합니다. 수험자료 폴더의 '1203_1'을 작업창의 적당한 위치에 배치하
고 레이어 패널 하단의 '벡터마스크 추가 버튼'을 눌러서 레이어마스크를 만듭니
다. 흑백의 그러데이션 도구를 사용하여 아래쪽으로 갈수록 이미지가 서서히 사
라지도록 표현합니다.

확인사항

❶ 재단선을 고려하여 포토샵에서 새 작업창을 만들 수 있는가?
❷ 일러스트 작업 이미지를 복사하여 포토샵으로 가져올 수 있는가?
❸ 수험자료 이미지를 가져와서 화면설계계획서와 맞게 크기를 조절할 수 있는가?
❹ 레이어마스크를 다룰 수 있는가?
❺ 화면설계기획서를 보고 적용된 필터 효과를 파악할 수 있는가?

기출문제2회-포토샵-03-포토샵배경만들기

04 건물 이미지 추출하기

수험자료 폴더의 '1203_2'를 열어 건물의 가장자리를 추출합니다. 펜 도구나 올
가미 도구를 이용하여 꼼꼼하게 건물의 가장자리를 따라가며 선택영역을 설정합
니다. 작업 도중 화면을 확대/축소하며 진행하면 실수 없이 선택할 수 있습니다.
(동영상 강의에서는 자석올가미 도구를 이용하여 추출하였습니다.) 배경이미지
에 추출한 건물이미지를 복사한 후 크기와 위치를 조절하여 배치합니다.

확인사항

❶ 선택 도구를 적절하게 사용하여 이미지를 추출할 수 있는가?
❷ 선택 추가, 삭제를 위하여 도구를 사용할 수 있는가?

기출문제2회-포토샵-03-포토샵배경만들기

05 건물 이미지에 회화적 표현하기

건물이미지에 회화 느낌의 필터를 적용하여야 합니다. 시험에서 필터 효과는 반
드시 출제되기 때문에 화면설계기획서의 필터 효과를 신속하게 파악할 수 있도
록 많은 연습이 필요합니다. 이미지의 가장자리가 어둡게 강조되면서 그림과 같
은 느낌이 표현되도록 **필터>예술효과>포스터가장자리 메뉴**를 사용하여 화면설
계기획서와 비교하며 옵션의 수치를 조절합니다. 배경의 하늘 이미지와 같게 아
래로 갈수록 흐릿해지므로 하늘이미지에 적용된 레이어마스크를 Alt key를 누른
채 드래그하여 건물이미지의 레이어에 가져다 놓는 방법으로 복사합니다.

확인사항

❶ 화면설계기획서에 적용된 필터 효과를 빠른 시간 내에 알아낼 수 있는가?
❷ 레이어마스크를 복사하여 사용할 수 있는가?

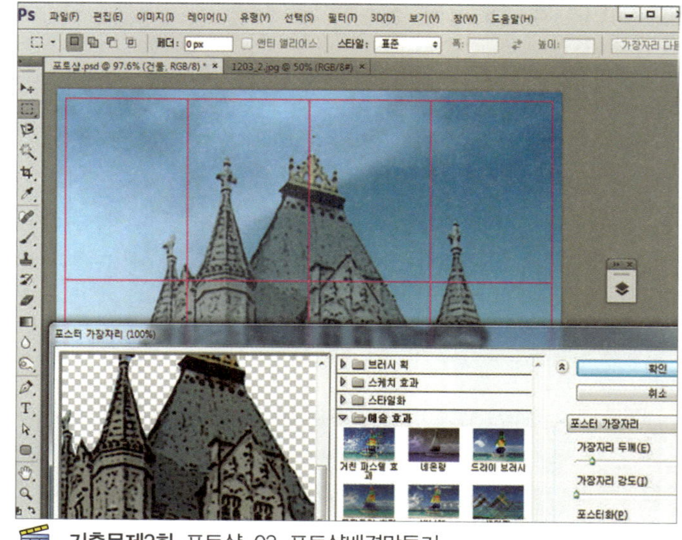

기출문제2회-포토샵-03-포토샵배경만들기

06 일러스트레이터에서 영국 국기 만들기

Ai CS6 한글

일러스트레이터를 실행하여 만들어 둔 '그리드 파일'을 열고, '포토샵' 파일을 가져오기 하여 드로잉 작업 시 위치와 크기의 기준으로 삼도록 화면 중앙에 배치합니다. 화면설계기획서의 영국 국기를 준비한 30cm 자로 '가로 세 칸/세로 네 칸'으로 나누어 격자를 만들고 일러스트레이터에서도 같은 길이와 간격으로 격자 형태를 만듭니다. **패스파인더〉나누기**로 모두 분리하고 그룹해제를 적용하면 개체별로 선택하기 쉽습니다. 사각형 위에 화면설계기획서와 같은 각도로 사선을 그려서 **패스파인더〉나누기**로 분리한 후 색상을 적용하고 필요없는 오브젝트는 삭제합니다. 작업이 끝난 왼쪽 상단의 오브젝트를 그룹으로 묶어서 우측과 하단에도 반사 복제하여 배치합니다. 가운데의 사각형들도 크기를 조절하고 색상과 위치를 조절해서 국기만들기 작업을 마무리합니다.

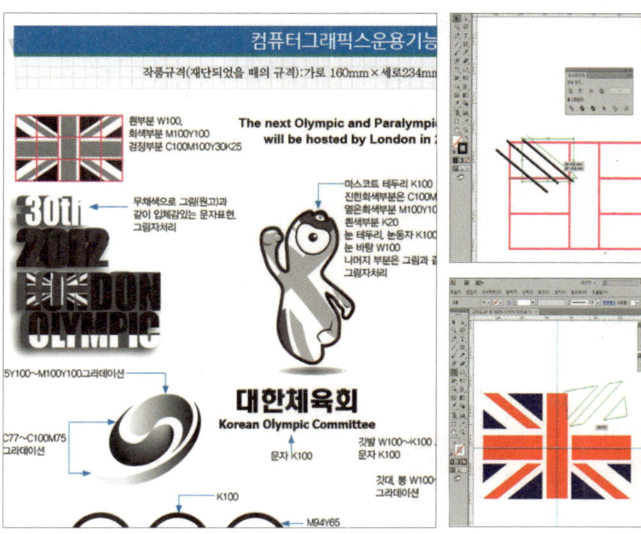

기출문제2회-일러스트-04-영국 국기 만들기

확인사항

❶ 패스파인더의 기능을 이용하여 도형을 분리하고 합칠 수 있는가?
❷ 안내선을 반사 도구의 기준으로 이용할 수 있는가?

---

07 입체감 있는 타이틀 만들기

Ai CS6 한글

'30th 2012 LONDON OLYMPIC' 글자를 입력하고 크기와 자간을 조절합니다. 홀쭉한 느낌의 글자를 표현하기 위해서는 문자의 가로크기를 줄여 장체로 표현합니다. **효과〉3D〉경사와 돌출 메뉴**를 선택하여 세로축의 각도를 조절하여 옆으로 회전하고 '돌출깊이'의 수치를 조절해서 적당한 두께 감을 표현합니다. 효과 메뉴에서 적용된 옵션을 수정할 때에는 반드시 **윈도우〉모양 메뉴**를 선택하여 패널의 **fx**를 더블클릭하고 옵션창에서 수정해야 합니다.

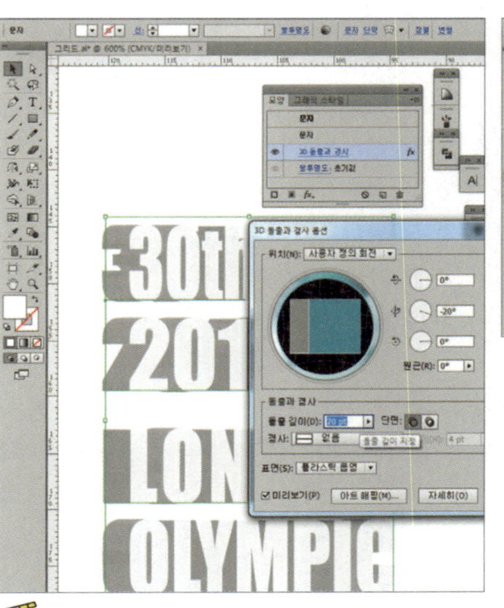

기출문제2회-일러스트-05-올림픽타이틀만들기

확인사항

❶ 자간과 문자의 장/평을 조절하여 글자의 크기와 형태를 조절할 수 있는가?
❷ 입체글자를 만드는 방법을 알고 모양 패널에서 수정작업을 할 수 있는가?

---

08 태극문양 만들기

Ai CS6 한글

적당한 크기의 원을 그리고 원래 원의 51% 크기로 두 개의 원을 더 만듭니다. 두 개의 원은 축소 복사하여 가운데에 배치합니다. **패스파인더**의 **나누기**와 **합치기**를 사용하여 태극문양 형태를 만듭니다. 왜곡된 형태를 표현하기 위해 돌리기 도구를 선택하여 적용범위를 원보다 크게 하고 강도는 약하게 하여 왼쪽으로 돌립니다. 포개어진 오브젝트를 정리한 후 우측 하단에 태극문양을 받쳐주는 도형을 펜 도구를 이용해 드로잉 합니다. 기울기 도구로 기울여서 모양을 맞추고 그라디언트 색상을 지시문을 참고하여 지정하고 마무리합니다.

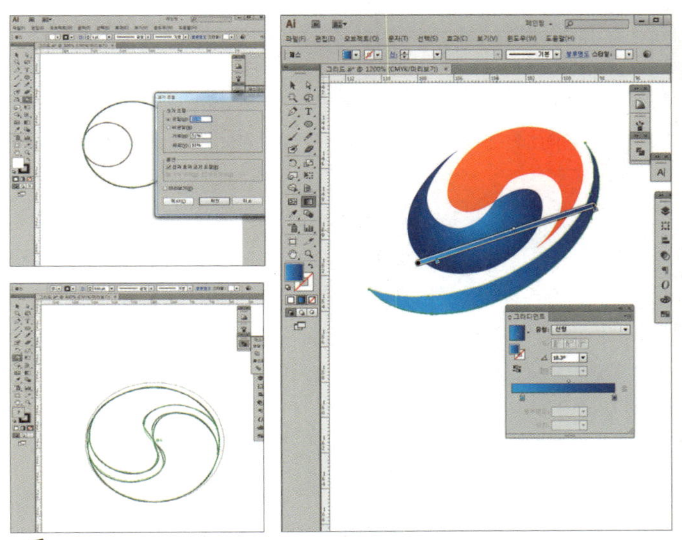

기출문제2회-일러스트-06-태극문양만들기

확인사항

❶ 도형을 축소복사하고 나누기, 합치기를 이용하여 분리할 수 있는가?
❷ 비틀기 도구의 옵션을 다루고 사용할 수 있는가?
❸ 그라디언트의 색상을 지정하고 방향조절을 할 수 있는가?

09 오륜마크 만들기

다른 크기의 원을 두 개 만들어 분리하고 내부의 원을 삭제하여 적당한 두께의 고리 형태를 만듭니다. 상단에 세 개, 하단에 두 개의 고리를 서로 겹치게 배치하여 오륜마크 형태로 만듭니다. 서로 연결된 부분에 틈새를 만들기 위해 **오브젝트>패스>패스이동 메뉴**를 적용하여 확장된 원을 만들고 **패스파인더**의 **나누기**로 분리하여 필요없는 부분을 삭제합니다. 화면설계기획서의 지시문과 비교하며 각 고리의 색상을 적용하여 마무리합니다.

확인사항

❶ 패스이동 메뉴를 이용하여 면이 확장된 오브젝트를 만들고 원본에서 분리하여 추출할 수 있는가?

❷ 패스파인더의 **나누기**를 이용하여 복잡한 오브젝트를 정리할 수 있는가?

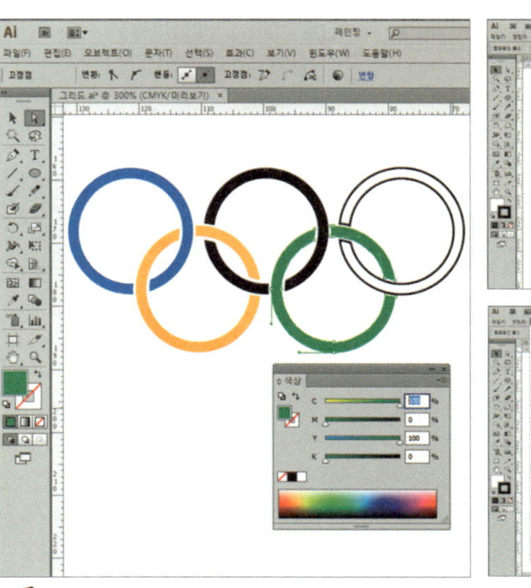
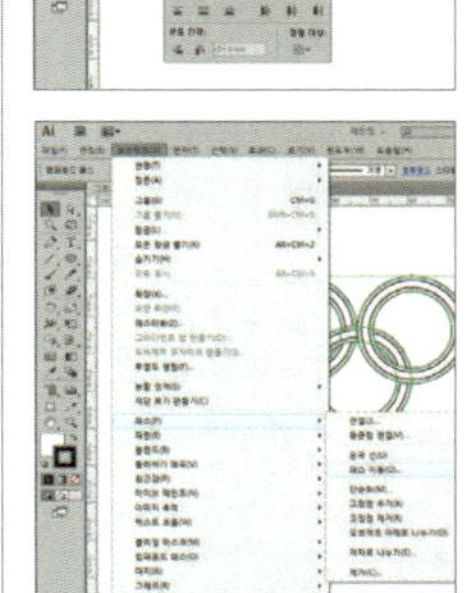

기출문제2회-일러스트-07-오륜마크만들기

---

10 두께감 있는 글자 만들기

'대한체육회' 글자를 입력하고 두꺼운 헤드라인 계열의 서체가 있는지 확인합니다. 시험장의 컴퓨터에 유사한 서체가 설치되어 있으면 크기와 자간을 조절하여 사용하면 되겠지만, 기본 서체만 있을 경우 고딕 기본서체인 돋움체를 사용하고 선 수치로 두께 감을 표현합니다. 하단의 영문도 입력하고 고딕계열의 기본 서체를 적용한 다음 크기와 자간을 맞추어 정리합니다. 크기를 결정할 때 그리드에 맞추어서 미리 자리를 잡고 간격을 맞추면 편합니다.

확인사항

❶ 적당한 서체를 사용하여 자간과 문자의 장/평을 조절하여 크기를 맞출 수 있는가?

❷ 두께 감 있는 문자 표현을 위해 테두리 두께를 입력하여 화면설계기획서와 유사한 두께의 서체를 만들어 낼 수 있는가?

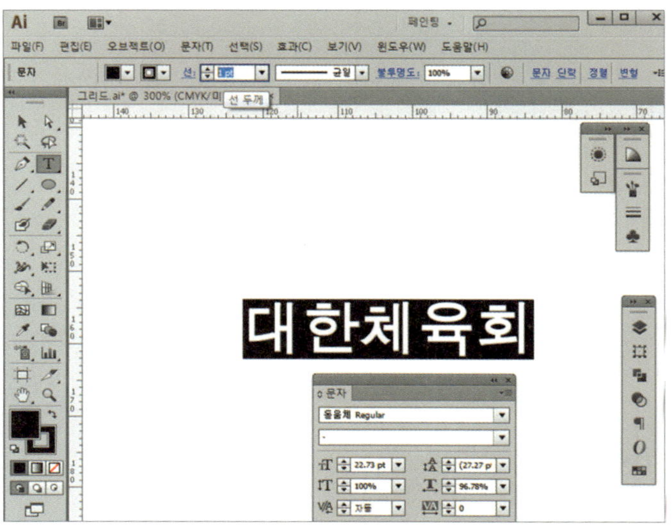

기출문제2회-일러스트-07-오륜마크만들기

---

11 마스코트 드로잉

화면설계기획서의 '런던올림픽' 마스코트에 30cm 자를 이용해 가로/세로 4칸으로 격자를 그리고, 일러스트레이터에서도 같은 크기의 격자를 만들어 드로잉의 기준선으로 삼습니다. 격자를 기준삼아 마스코트의 형태를 펜 툴로 드로잉 합니다. 가장자리를 따라 마스코트의 형태를 만든 후 두께 감 있는 테두리를 표현하기 위해 오브젝트를 하나 더 복사합니다. 마스코트 내부의 가로지르는 선들과 얼굴 안쪽 부분도 드로잉 하고 패스파인더를 이용해 색상별로 형태를 분리합니다. 이때 한번 분리된 형태를 다시 수정하다 보면 중간에 틈새가 발생하므로 미리 정확한 형태를 정리한 후 분리하여야 합니다. 복잡한 형태이다 보니 색상을 미리 지정하면서 작업하고 손가락과 발부분의 라인을 펜 도구로 드로잉 합니다. 미리 복사해 둔 오브젝트에 적당한 두께를 지정하고 '뒤로 보내기'로 위치를 잡아 완성합니다.

확인사항

❶ 펜 도구를 사용하여 원하는 형태를 드로잉 할 수 있는가?

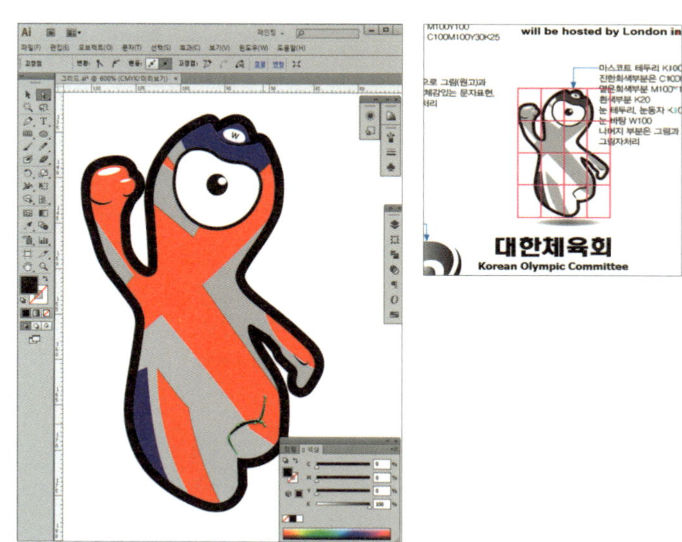

기출문제2회-일러스트-08-마스코트만들기

2 펄럭이는 깃발 만들기

배경이미지의 왼쪽 하단에 세로로 긴 사각형을 만들고 사각형의 상단에는 원을 만듭니다. 원의 윗부분을 고정점변환 도구로 뾰족하게 수정하고 펜 도구로 지그재그 선을 그려서 분리합니다. 그라디언트를 지시문을 참고하여 지정하고 방향을 설정합니다. 깃봉 우측에 가로로 긴 사각형을 만들고 고딕계열의 서체를 선택하여 문자를 입력합니다. 사각형 우측면에 포인트를 추가하여 뾰족한 끝 모양을 표현하고 **오브젝트〉둘러싸기 왜곡〉변형으로 만들기 메뉴**의 옵션 중 '변형옵션'을 **깃발**로 선택하고 '구부리기'와 '가로수치'를 조절해서 모양을 완성합니다.

확인사항

❶ 오브젝트의 포인트를 수정하고 변형할 수 있는가?
❷ 그라디언트의 색상을 지정하고 원하는 대로 방향을 설정할 수 있는가?
❸ 둘러싸기 왜곡 기능의 종류를 알고 옵션을 조절하여 필요한 모양을 표현할 수 있는가?

기출문제2회-일러스트-08-마스코트만들기

3 오륜마크에 이미지 삽입하기

일러스트레이터에서 만들어 둔 오륜마크를 복사 Ctrl + V 해서 포토샵에 붙이기 Ctrl + V 하고 화면 위쪽 가운데에 크기와 위치를 맞추어 배치합니다. 수험자료 폴더의 '1203_3 ~1203_7' 이미지를 하나씩 가져와 각 레이어에 배치합니다. 오륜마크의 각 고리 내부의 원 영역을 선택하여 이미지마다 레이어마스크를 지정하고 필요없는 부분을 가린 다음, 이미지의 크기와 위치를 조절합니다. 오륜마크 레이어를 최상위에 배치하고 **레이어스타일〉경사와 엠보스**의 스타일과 수치를 조절하여 입체감을 표현하고 이미지 레이어와 함께 레이어 그룹을 만들어 정리합니다.

확인사항

❶ 오륜마크 내부에 들어갈 각 이미지에 레이어마스크를 적용할 수 있는가?
❷ 경사와 엠보스를 사용하여 입체감을 표현할 수 있는가?
❸ 복잡한 레이어를 그룹으로 묶어서 정리할 수 있는가?

기출문제2회-포토샵-09-포토샵에서 오륜이미지삽입하기

4 일러스트레이터의 오브젝트 복사하기

작업한 오브젝트는 이미 일러스트레이터에서 위치와 크기를 정리해 두었으므로 포토샵으로 가져갈 때에도 같은 크기와 위치를 유지해야 합니다. 오브젝트 전체를 포함할 수 있는 사각형을 가로×세로(160×234mm)의 크기로 만들고 면과 선에 모두 색상 '없음'을 지정합니다. 일러스트레이터의 각 오브젝트를 전체 사각형과 함께 선택하여 복사하여 포토샵에 붙이면 크기와 위치를 유지할 수 있습니다. 런던올림픽 타이틀은 자동선택 도구를 사용하여 글자별로 색상을 지정하고, 'LON' 부분은 따로 복사하여 레이어 Ctrl + J 를 만들고 영국 국기 레이어와 클리핑 마스크로 연결합니다. 'OLYMPIC' 글자의 아래쪽 일부를 선택하여 흰색으로 채우고, 전체 타이틀에 레이어스타일의 **그림자**를 적용하여 그림자 효과가 왼쪽 하단으로 향하게 설정합니다. 그림자 효과 지정 시 '전체조명사용' 부분의 선택을 풀지 않으면 다른 레이어스타일 효과에도 방향이 변하므로 반드시 '선택해제'하여야 합니다. 포토샵 **파일〉다른이름으로 저장 메뉴**를 선택하여 파일명은 본인의 비번호를 입력하고 **JPEG형식**을 선택합니다.

확인사항

❶ 일러스트레이터에서 작업한 오브젝트를 크기와 위치를 유지하며 포토샵으로 복사하여 옮겨올 수 있는가?
❷ 클리핑 마스크를 사용하여 특정 형태 속에 이미지가 보이게 할 수 있는가?
❸ JPEG형식으로 저장할 수 있는가?

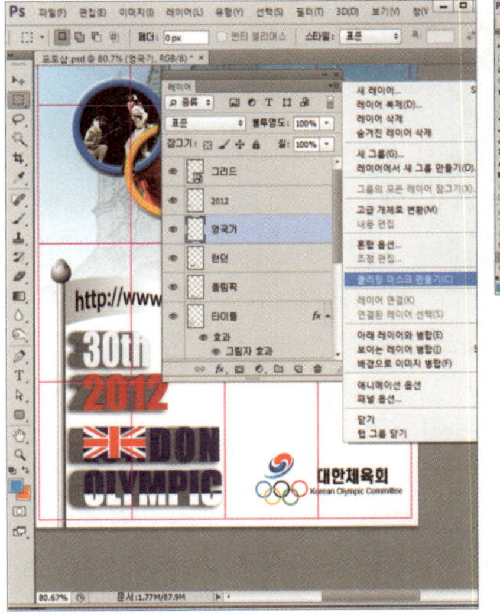

기출문제2회-포토샵-10-복사하고 정리하기

15 인디자인에서 마무리하기

인디자인을 실행하여 새 작업창 Ctrl+N 을 열고 'A4 규격'을 선택한 다음 여백을 모두 0mm로 지정합니다. 사각프레임 도구로 화면 가운데를 클릭하여 가로 폭× 세로 폭(166×240mm)의 수치를 입력합니다. **파일>가져오기 메뉴**로 저장해 둔 JPEG 파일을 가져옵니다. 다시 한 번 사각프레임 도구를 선택하여 가로 폭×세로 폭(160×234mm)의 수치를 입력한 후 두 사각형을 모두 선택하여 정렬 패널에 맞춤대상을 '페이지에 정렬'을 선택한 다음 수평/수직 모두 가운데 정렬로 페이지 가운데에 배치합니다. '작품 외곽선을 생략하라'는 지시문대로 모든 사각형의 테두리를 '없음'으로 설정합니다.

확인사항

❶ 인디자인에서 신규 파일의 크기를 설정하고 여백의 수치를 입력할 수 있는가?
❷ 원하는 크기의 프레임을 생성하고, 프레임에 이미지를 불러올 수 있는가?
❸ 정렬 패널을 사용하여 여러 오브젝트를 페이지의 가운데에 정렬시킬 수 있는가?

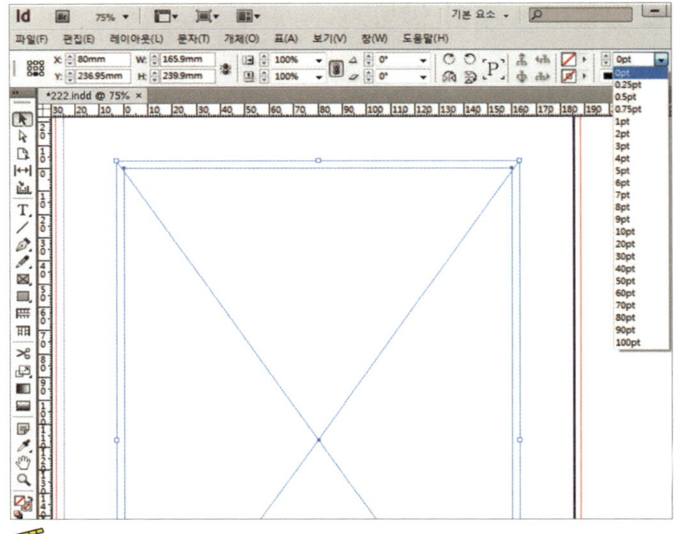

기출문제2회-인디자인-11-인디자인에서 재단선만들기

16 재단선 만들기

안쪽 사각형의 왼쪽 상단 모서리를 원점으로 설정하고, 사각형의 네 모서리 바깥으로 길이 7mm, 두께 0.5pt의 재단선을 만듭니다. 재단선 작업을 할 때에는 안내선을 설정해두고 작업하는 것이 정확하며, 매번 선을 긋지 말고 가로/세로 재단선 한 세트를 복사해서 각 모서리에 배치하는 것이 빠릅니다. 좌측 하단에 프레임 상자를 만들고 '10pt 고딕' 계열의 서체로 비번호를 입력합니다.

확인사항

❶ 좌표의 원점을 원하는 위치로 이동할 수 있는가?
❷ 선의 기준을 정하여 좌표를 지정하는 방법을 알고 있는가?
❸ '단계 및 반복' 메뉴를 사용하여 오브젝트를 복제할 수 있는가?
❹ 인디자인에서는 텍스트 입력을 위해 반드시 프레임이 필요하다.

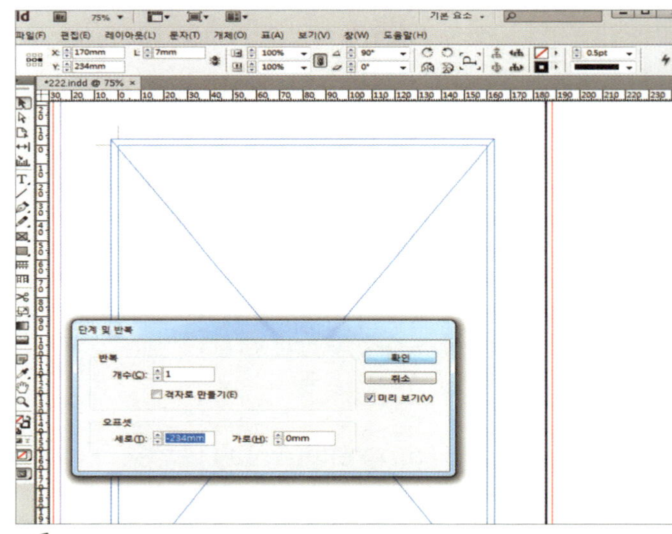

기출문제2회-인디자인-11-인디자인에서 재단선만들기

17 문자입력하고 저장하기

상단 가운데에 문자 도구를 이용하여 텍스트 상자를 만듭니다. 인디자인에서는 반드시 프레임이 있어야 문자입력이 됩니다. 문자를 입력한 후 'Brushscript' 서체를 설정하고 우측 하단에도 텍스트 상자를 만들어 올림픽 일정 내용을 입력하고 문자 크기와 자간을 조절합니다. 인디자인에서의 작업이 완료되면 비번호로 파일명으로 저장 Ctrl+S 합니다. 감독관의 지시에 따라 인디자인 파일과 JPEG 파일이 저장된 폴더를 제출하고 프린터가 연결된 컴퓨터에서 인디자인 파일을 열어 A4 용지에 100% 크기로 프린트를 실행합니다. 프린트된 용지를 시험장에서 제공하는 A3 켄트지에 붙여서 제출합니다. 보통 감독관이 프린트 등의 제출 과정을 대신 하지만 여러분이 직접 해야 할 수도 있으므로, 반드시 인디자인에서 프린트를 하는 연습을 해 두어야 합니다.

확인사항

❶ 텍스트 상자에 글을 입력한 후 서체/색상/크기/자간/행간을 설정할 수 있는가?
❷ **파일>인쇄 메뉴**를 사용하여 프린트를 할 수 있는가?

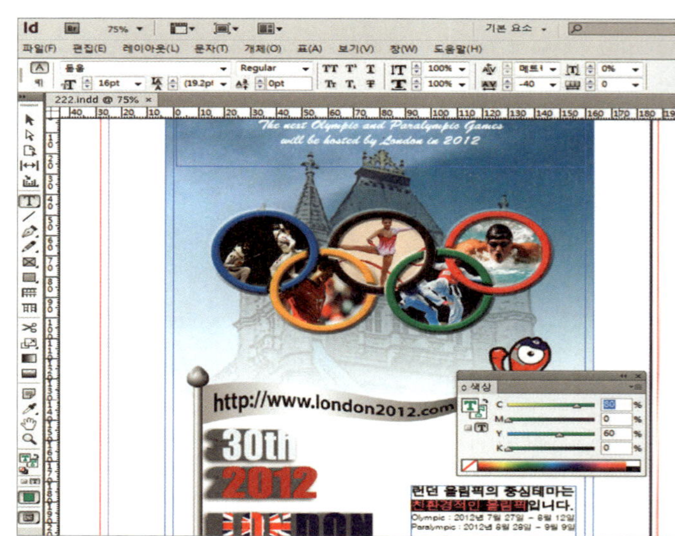

기출문제2회-인디자인-11-인디자인에서 재단선만들기

기출문제 3회

컴퓨터그래픽스운용기능사 | 작품명 | 포스터디자인

01 화면설계기획서와 수험자료 검토하기

http://graphics.yoondle.com 동영상 강의 사이트에서 수험자료를 다운받고 압축을 풀어보면 '수험자료', '작업중', '결과물' 3개의 폴더가 있습니다. 시험장에는 수험생이 배정받은 PC의 바탕화면 등에 수험자료가 복사되어 있습니다. 작업 과정에 사용할 이미지 파일이 모두 있는지 화면설계기획서와 비교하여 확인합니다. D나 E 드라이브에 작업용 폴더를 만들고, 수험자료 폴더도 복사합니다. 시험장에서는 재부팅 시 C 드라이브를 초기화하는 프로그램이 설치된 경우가 많습니다. 바탕화면이나 내 문서 등도 C 드라이브 영역이니 가능하면 다른 드라이브에서 작업하는 것이 바람직합니다.

확인사항

❶ 화면설계기획서와 수험자료를 충분히 검토하였는가?
❷ 작업순서를 예측하여 설계하고 시간을 분배하는 계획을 세웠는가?
❸ 수험자료 폴더와 작업용 폴더는 만일을 대비하여 D 드라이브에 생성하였는가?

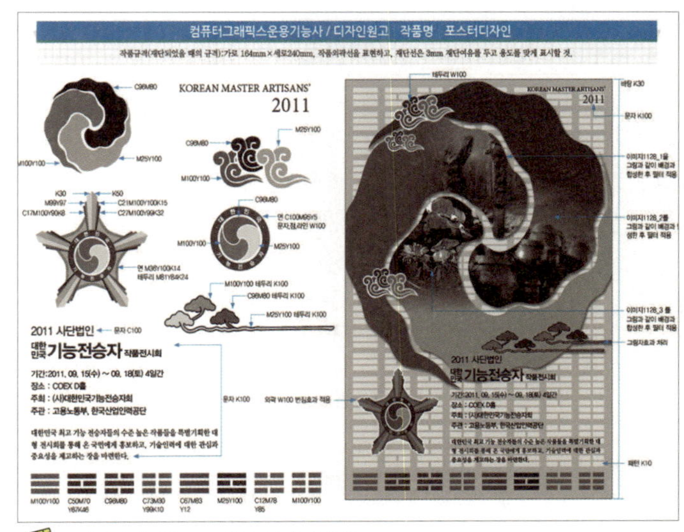

기출문제3회-01-화면설계기획서

02 작업기준 용도의 격자 만들기

Ai CS3 영문

화면설계기획서에 직접 30cm 자와 필기구로 가로/세로 4등분씩 격자를 그립니다. 일러스트레이터를 실행하여 새 작업창(Ctrl+N)을 열고 화면설계기획서의 작품규격대로 가로 폭×세로 폭(164×240mm)을 설정하여 작업 파일을 생성합니다. Rectangular Grid Tool을 선택하고 화면을 클릭하여 가로/세로 폭을 작품규격대로 설정하고 3줄씩 분할자를 주어 4등분 된 격자를 만듭니다. Line Segment Tool 을 선택하여 각 격자의 모서리를 연결하는 사선을 긋습니다. D 드라이브의 작업용 폴더에 Save(Ctrl+S) 합니다.

확인사항

❶ 30cm 자를 이용해서 화면설계기획서에 4등분 격자를 표시할 수 있는가?
❷ 일러스트레이터에서 지시문의 규격에 따라 새로운 작업창을 만들 수 있는가?
❸ 일러스트레이터에서 화면설계기획서와 같은 4등분 격자를 표시할 수 있는가?
❹ 작업용 폴더를 만들고 파일을 저장하였는가?

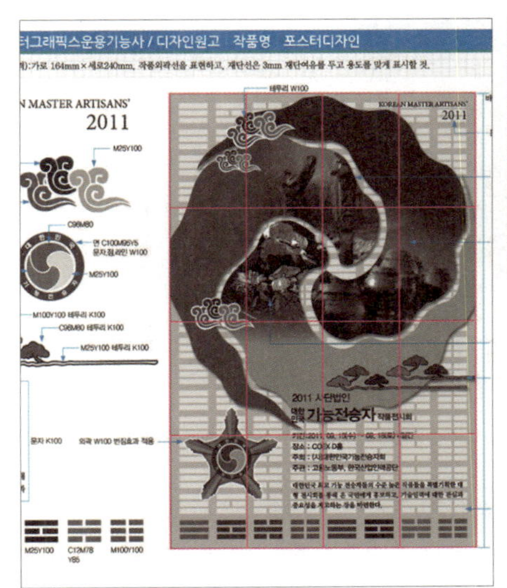

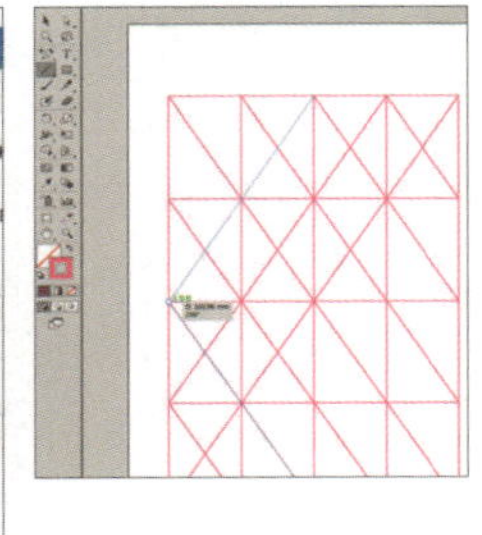

기출문제3회-일러스트-02-그리드만들기

03 포토샵으로 격자 복사하기

포토샵을 실행하여 새 작업창Ctrl+N을 열고 재단선영역을 고려하여 지시문의
규격보다 **6mm씩 더한 가로 폭×세로 폭(170×246mm)의 크기**로 설정합니다.
Resolution은 100으로 정하여 제출제한용량 3MB를 넘지 않도록 합니다. 일러
스트레이터에서 만든 격자를 CopyCtrl+C하여 포토샵 작업창에 PasteCtrl+V
합니다. 포토샵 파일도 작업용 폴더에 SaveCtrl+S합니다.

확인사항

❶ 재단선을 고려하여 포토샵에서 새 작업창을 만들 수 있는가?
❷ 일러스트레이터의 오브젝트를 포토샵으로 복사하여 가져올 수 있는가?

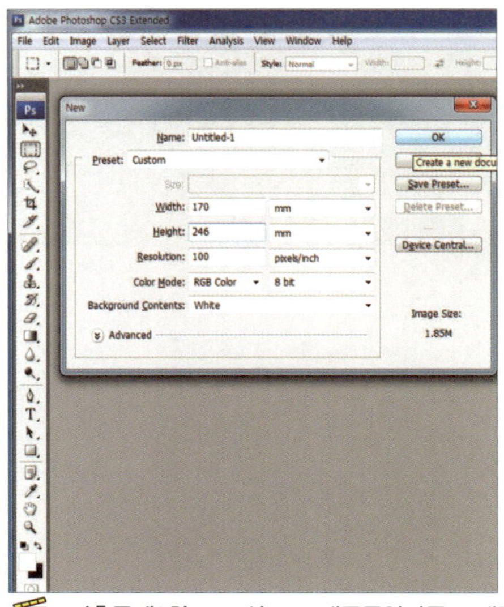
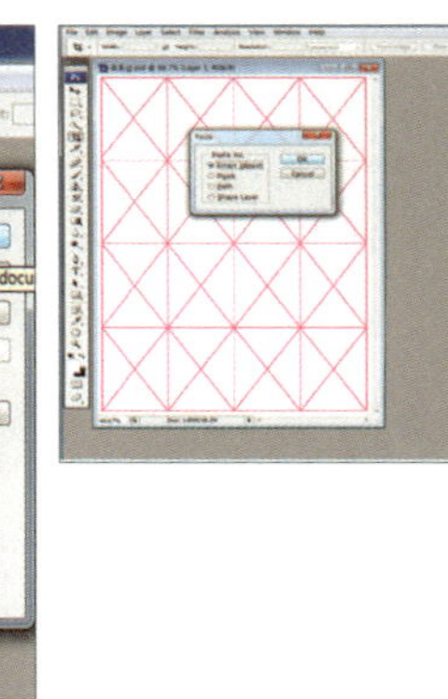

기출문제3회–포토샵–03–태극문양만들고 왜곡하기

04 일러스트레이터에서 태극문양 만들기

일러스트레이터를 실행하여 적당한 크기의 원을 만들고, 원의 중심을 가로지르
는 세로 선을 그립니다. Rotate Tool을 더블클릭하여 선을 60° 회전시키고
Transform AgainCtrl+D으로 세 개의 선을 만듭니다. **Pathfinder**의 **Divide**를
이용하여 원을 분리한 후 다시 두 조각씩 합치면 부채꼴 형태로 세 개의 도형이
남게 됩니다. **Filter〉Distort〉Twist 메뉴**를 선택하여 220°를 지정하면 부채꼴이
태극 형태로 변합니다. (이때 CS5 버전에서는 **Compound Path**를 설정하고
Effect의 Twist 메뉴를 사용하면 같은 효과를 표현할 수 있습니다.) 태극 문양의
틈새 공간을 확보하기 위해 **Object〉Path〉Offset Path 메뉴**를 선택하여 −3mm
를 지정하면 도형의 안쪽으로 작은 크기의 오브젝트가 생깁니다. 필요 없는 부분
은 삭제하고, 나머지 태극 문양에 지정된 색상을 지정합니다. 완성된 태극문양을
포토샵으로 가져가서 위치와 크기를 맞춥니다. **Filter〉Liquify 메뉴**의 브러시 크
기를 조절하며 **Warp Tool**로 화면설계기획서와 비교하며 울퉁불퉁한 형태를 만
듭니다.

확인사항

❶ 기본 도형인 원과 선을 이용하여 태극 문양을 만들 수 있는가?
❷ Filter와 Effect의 Twist 메뉴를 사용할 수 있는가?
❸ 포토샵 필터 Liquify를 이용해서 도형의 모양을 왜곡시킬 수 있는가?

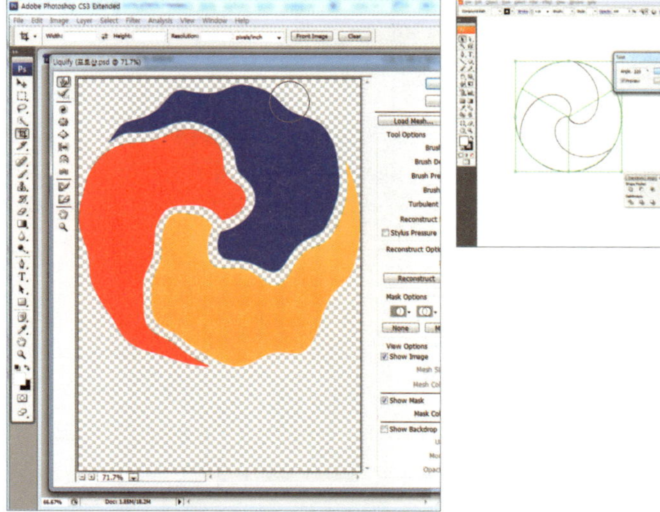

기출문제3회–일러스트–03–태극문양만들고 왜곡하기

05 태극문양에 이미지 삽입하기

수험자료 폴더의 '1128_1'을 열고 전체 영역을 복사합니다. Magic Wand Tool
로 태극 문양의 빨간 부분을 선택하고 **Edit〉Paste Into 메뉴** 명령을 실행하여
삽입합니다. 삽입된 이미지의 크기와 위치를 조절하고 마스크 영역에 흑백 그러
데이션으로 끝 부분이 흐릿해지도록 표현합니다. **Filter〉Artistic〉Rough Pas-
tels 메뉴**로 화면설계기획서와 같이 스크레치 효과를 표현합니다. '1128_2'와
'1128_3' 이미지 역시 같은 방법으로 파랑과 노란색 태극 문양 영역에 배치
하고 마스크효과를 적용합니다. 각각 **Filter〉Brush Strokes〉Spatter 메뉴**와
Filter〉Artistic〉Poster Edges 메뉴를 실행하여 화면설계기획서에 표현된 회화
효과를 적용합니다.

확인사항

❶ Paste Into 명령을 사용하여 특정 선택영역에 이미지를 삽입할 수 있는가?
❷ 다양한 회화적 표현하는 Filter 효과를 이해하고 수치를 적절히 조절할 수 있는가?

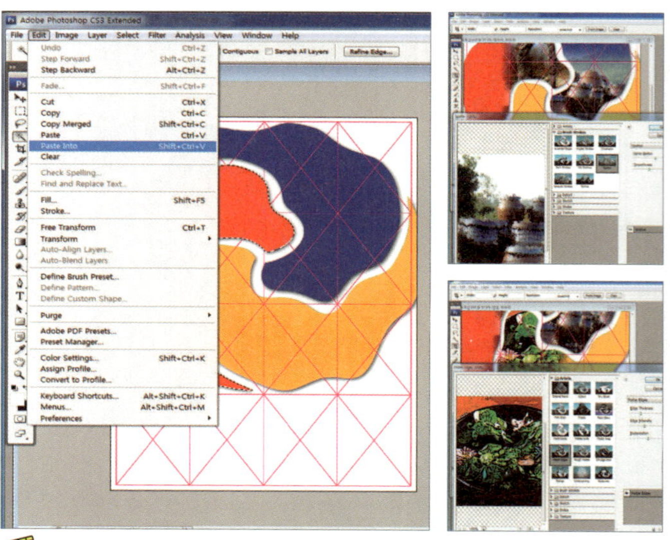

기출문제3회–포토샵–03–태극문양만들고 왜곡하기

06 구름문양 만들기

Ai CS3 영문

화면설계기획서의 구름문양에 준비해 간 30cm 자로 가로/세로로 4등분씩 나누어 격자를 만들고, 같은 크기의 격자를 일러스트레이터에서도 만들어 드로잉을 위한 기준선을 마련합니다. 격자를 기준으로 구름 문양의 형태를 Pen Tool로 드로잉 합니다. 구름 모양이 완성되면 가장자리를 따라서 전체를 감싸는 형태를 한번 더 드로잉 합니다. 감싸는 외곽에 흰색을 지정하고 '맨 뒤로 보내기'로 정렬 순서를 바꾸고 구름문양과 함께 선택해서 그룹을 만듭니다. 구름 문양의 그룹을 두 개 더 복사하여 각도와 크기를 조절합니다. 각 문양에 지정색을 설정하고 마무리합니다.

기출문제3회—일러스트—05—구름문양만들기

07 기능전승자 훈장 만들기

Ai CS3 영문

별을 만들고 별 내부에 서로 다른 크기의 원을 세 개 만듭니다. 가장 작은 원은 태극 문양 제작 과정과 같이 세 개의 부채꼴로 나눈 다음, Filter〉Distort〉Twist 메뉴에서 −120°로 비틀어 완성합니다. 태극 문양의 각 면에 지정된 색을 적용하고 테두리는 흰색으로 지정합니다. 중간 크기의 원을 복사하여 Type on a Path Tool로 '·대한민국·'글자를 입력하여 원 위에 흐르는 글자를 표현합니다. 글자에는 돋움체를 지정하고 테두리에 0.5 pt 정도의 두께를 지정하여 두꺼운 글자를 표현합니다. 텍스트가 입력된 원을 복사하여 '기능전승자'로 수정하고 글자가 원의 아래에 오도록 수정합니다. 별 상단에 사각형을 그려서 오른쪽 위가 뾰족한 사다리꼴 형태로 만들고 두 개 더 복사하여 하나는 가로 폭을 늘이고 하나는 세로길이를 늘입니다. 반사 복 Ctrl+D 제해서 반대쪽을 만들고 오브젝트마다 색상을 지정한 후 별 중심을 기준으로 72°씩 회전 복사를 4번 반복하여 모양을 완성합니다. 별의 테두리 색상을 설정하고 Stroke 패널에서 두께와 'Dashed Line'의 'Dash' 옵션의 수치를 지정하여 점선을 표현합니다.

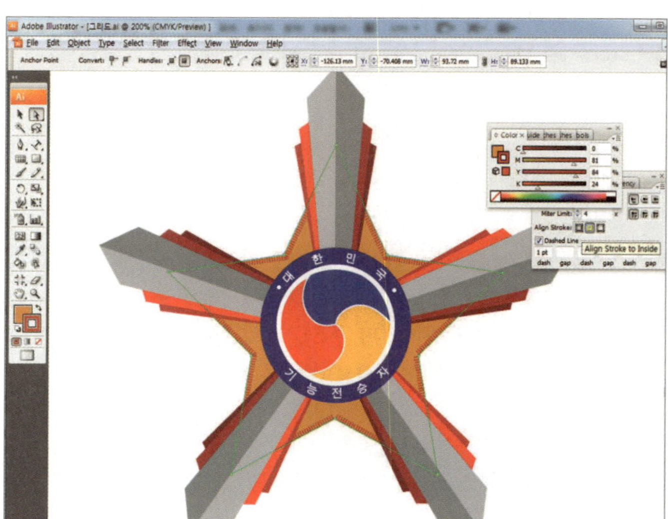

기출문제3회—일러스트—06—전승자훈장만들기

08 나무 만들기

Ai CS3 영문

원을 여러 개 만들어 포개어두고 **Pathfinder**의 **Add**로 나무 모양을 만듭니다. 뻗어나오는 줄기를 Pen Tool로 드로잉 하고 Warp Tool로 밀어서 구불구불한 형태를 표현합니다. 나무 모양과 줄기를 합쳐서 하나의 오브젝트로 만들고, 두 개 더 복사하여 크기와 위치를 수정합니다. 줄기의 끝 부분을 잘라서 앞/뒤 정렬 순서를 맞추고 각각 색상을 지정합니다.

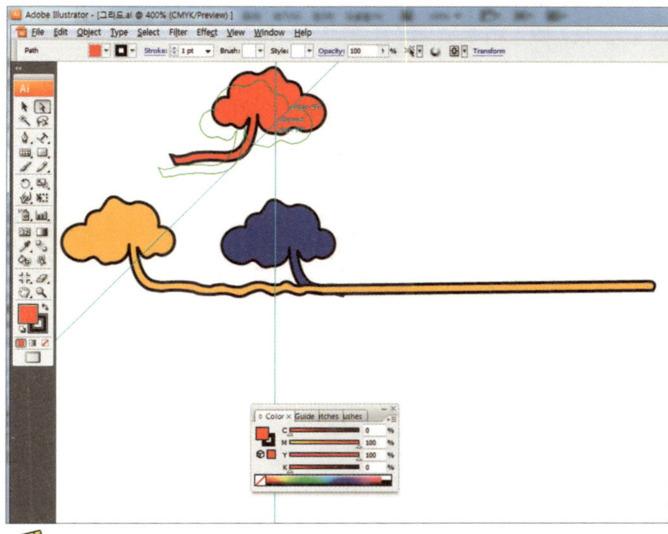

기출문제3회—일러스트—07—나무만들기

09 패턴으로 배경 만들기

화면의 왼쪽 하단 영역에 사각형을 만들고 가로로 복사하며 여덟 개의 사각형을 나열합니다. Align 패널의 'Horizontal Distribute Center'를 이용하여 같은 간격으로 조절한 후 첫 번째 사각형을 선택합니다. <u>Object〉Path〉Split Into Grid 메뉴</u>에서 Rows 3을 지정해 사각형을 세 오브젝트로 분리합니다. 공간의 간격을 조절하는 Gutter의 수치를 1mm로 지정하고 반드시 'Add Guides'의 체크를 풀어주어야 합니다. 두 번째 사각형을 선택하고 같은 방법으로 세 오브젝트를 만든 다음 가운데에 있는 사각형을 선택합니다. 다시 Split Into Grid 메뉴에서 Columns 2, Gutter 1mm로 지정하여 분리합니다. 나머지 사각형도 같은 방식으로 분리한 다음 사각형들의 색상을 지정하고 그룹으로 묶어서 위로 복사합니다. K10의 연한 회색을 면색으로 설정하고 화면 상단에 복사합니다. 두 사각형 띠를 선택하여 Blend Tool을 더블클릭해서 14개의 Step을 설정하고 배경에 패턴을 채웁니다.

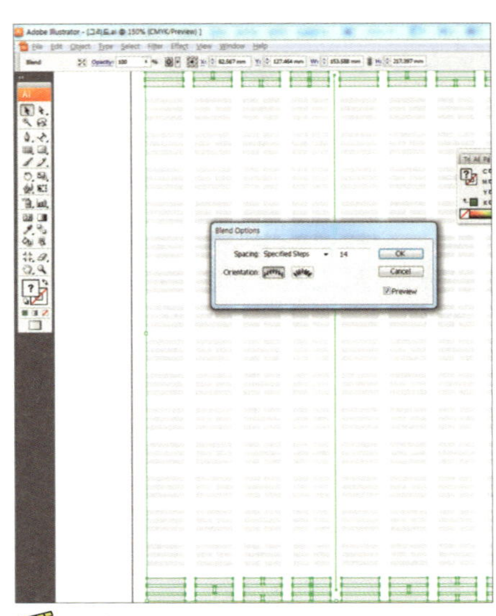

기출문제3회-일러스트-08-배경패턴만들기

❶ Split Into Grid 메뉴를 사용하여 도형을 면분할 수 있는가?

❷ Blend Tool의 옵션을 조절하여 오브젝트 사이에 원하는 단계를 표현할 수 있는가?

10 포토샵으로 오브젝트 복사하기

포토샵 파일을 열고 배경을 K30의 회색으로 채웁니다. 일러스트레이터에서 만든 배경 패턴을 Copy Ctrl+C하고 포토샵 파일에 Paste Ctrl+V합니다. 전통구름문양도 가져와서 화면 왼쪽에 세 개가 복사하고, 격자를 참고하여 크기와 위치를 조절합니다. 기능전승자 훈장도 같은 방법으로 가져와서 위치를 조절한 후 <u>Layer style〉Outer Glow 메뉴</u>를 선택, 흰색으로 발광 효과를 표현합니다. 나무 오브젝트도 가져와서 위치와 크기를 조절하고 <u>Layer style〉Drop Shadow</u>로 그림자 효과를 적당히 표현합니다. <u>File〉Save As 메뉴</u>를 선택하여 파일명은 본인의 비번호를 입력하고 **JPEG형식**을 선택합니다. 옵션에서 Quality를 'Maximum'으로 체크하여 승인합니다.

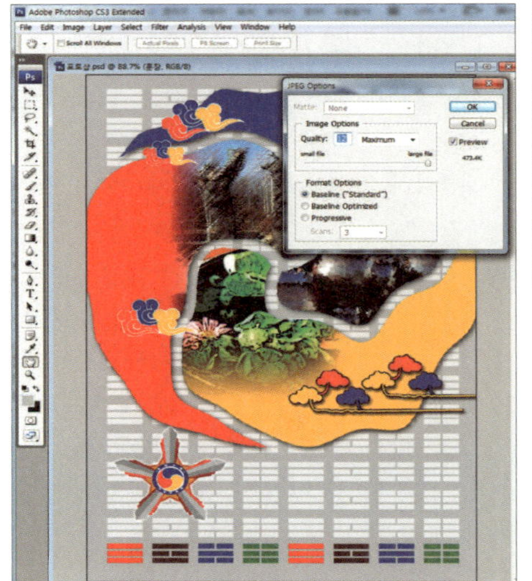
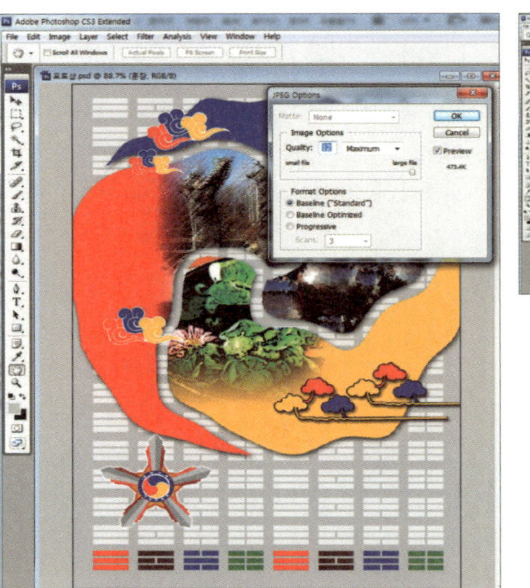

기출문제3회-포토샵-09-포토샵으로 복사하기

❶ 일러스트레이터에서 작업한 오브젝트를 포토샵으로 가져와서 크기와 위치를 화면설계 기획서에 맞게 조절하여 배치할 수 있는가?

❷ JPEG형식으로 저장할 수 있는가?

11 인디자인실행하기

인디자인을 실행하여 새 작업창 Ctrl+N 을 열고 'A4' 규격을 선택하고 Margins를 모두 0mm로 지정합니다. Rectangle Tool로 화면 가운데를 클릭하여 가로 폭×세로 폭(170×246mm)의 수치를 입력합니다. <u>File〉Place 메뉴</u>로 저장해 둔 JPEG 파일을 가져옵니다. 다시 한 번 Rectangle Tool을 선택하여 가로 폭×세로 폭(164×240mm)의 수치를 입력한 후, 두 사각형을 모두 선택하고 Align 패널의 맞춤대상을 'Align to Page'를 선택한 다음, 수평/수직 모두 페이지 가운데에 오도록 합니다. '작품 외곽선을 표현하라'는 지시문대로 안쪽의 사각형에 '1pt'의 테두리를 지정합니다.

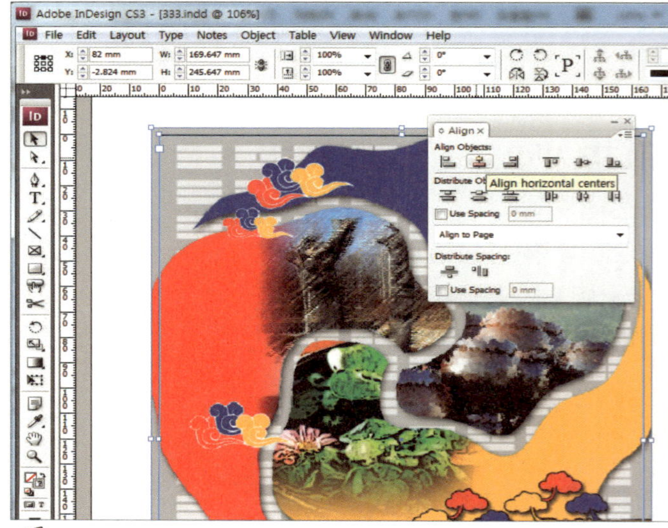

기출문제3회-인디자인-10-인디자인에서 텍스트삽입하기

❶ 인디자인에서 신규 파일의 크기를 설정하고 여백의 수치를 입력할 수 있는가?

❷ 원하는 크기의 프레임을 생성하고, 프레임에 이미지를 불러올 수 있는가?

❸ Align 패널을 사용하여 여러 오브젝트를 페이지의 가운데에 정렬시킬 수 있는가?

12 재단선 만들기

안쪽 사각형의 왼쪽 상단 모서리를 원점으로 설정하고, 사각형의 네 모서리 바깥으로 길이 7mm, 두께 0.5pt의 재단선을 만듭니다. 재단선 작업을 할 때에는 안내선을 설정해두고 작업하는 것이 정확하며, 매번 선을 긋지 말고 가로/세로 재단선 한 세트를 복사해서 각 모서리에 배치하는 것이 빠릅니다. 좌측 하단에 프레임 상자를 만들고 '10pt 고딕' 계열의 서체로 비번호를 입력합니다.

확인사항

❶ 좌표의 원점을 원하는 위치로 이동할 수 있는가?

❷ 선의 기준을 정하여 좌표를 지정하는 방법을 알고 있는가?

❸ '단계 및 반복' 메뉴를 사용하여 오브젝트를 복제할 수 있는가?

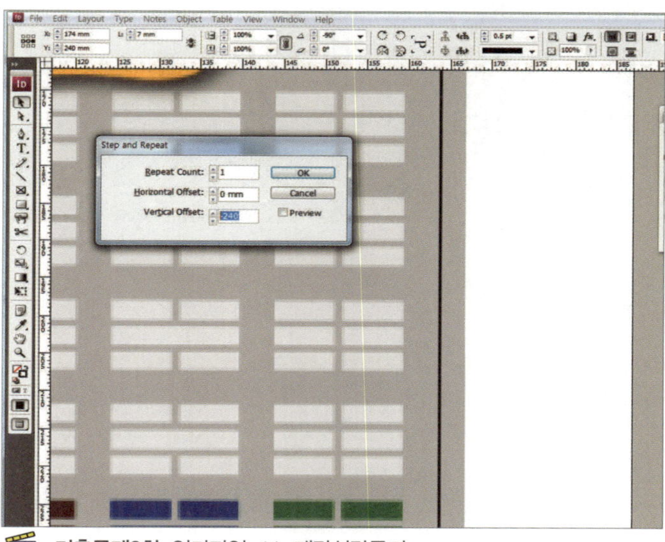

기출문제2회-인디자인-11-재단선만들기

13 문자입력하고 저장하기

Type Tool로 화면 우측 상단에 텍스트 상자를 만듭니다. 명조 계열의 영문 서체인 'Time Roman'을 선택하여 문자를 입력하고 정렬과 두께를 조절합니다. 우측 하단에도 텍스트 상자를 만들어 내용을 입력하고 문자 크기와 자간을 조절하고 행간을 맞추는데, 줄 간격이 복잡하므로 격자의 간격을 잘 살펴 수치를 조절해야 합니다. 인디자인에서의 작업이 완료되면 비번호를 파일명으로 정하여 Save Ctrl+S 합니다. 감독관의 지시에 따라 인디자인 파일과 JPEG 파일이 저장된 폴더를 제출하고 프린터가 연결된 컴퓨터에서 인디자인 파일을 열어 A4 용지에 100% 크기로 프린트를 실행합니다. 프린트된 용지를 시험장에서 제공하는 A3 켄트지에 붙여서 제출합니다. 보통 감독관이 프린트 등의 제출과정을 대신 하지만 여러분이 직접 해야 할 수도 있으므로, 반드시 인디자인에서 프린트를 하는 연습을 해 두어야 합니다.

확인사항

❶ 텍스트 상자에 글을 입력한 후 서체/색상/크기/자간/행간을 설정할 수 있는가?

❷ File〉Print 메뉴를 사용하여 프린트를 할 수 있는가?

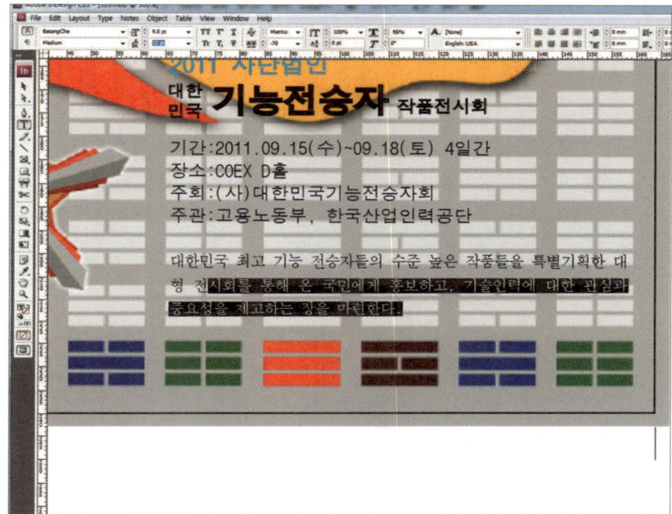

기출문제3회-인디자인-10-인디자인에서 텍스트삽입하기

컴퓨터그래픽스운용기능사 | 작품명 | 포스터디자인

01 화면설계기획서와 수험자료 검토하기

http://graphics.yoondle.com 동영상 강의 사이트에서 수험자료를 다운받고 압축을 풀어보면 '수험자료', '작업중', '결과물' 3개의 폴더가 있습니다. 시험장에는 수험생이 배정받은 PC의 바탕화면 등에 수험자료가 복사되어 있습니다. 작업 과정에 사용할 이미지 파일이 모두 있는지 화면설계기획서와 비교하여 확인합니다. D나 E 드라이브에 작업용 폴더를 만들고, 수험자료 폴더도 복사합니다. 시험장에서는 재부팅 시 C 드라이브를 초기화하는 프로그램이 설치된 경우가 많습니다. 바탕화면이나 내 문서 등도 C 드라이브 영역이니 가능하면 다른 드라이브에서 작업하는 것이 바람직합니다.

확인사항

❶ 화면설계기획서와 수험자료를 충분히 검토하였는가?
❷ 작업순서를 예측하여 설계하고 시간을 분배하는 계획을 세웠는가?
❸ 수험자료 폴더와 작업용 폴더는 만일을 대비하여 D 드라이브에 생성하였는가?

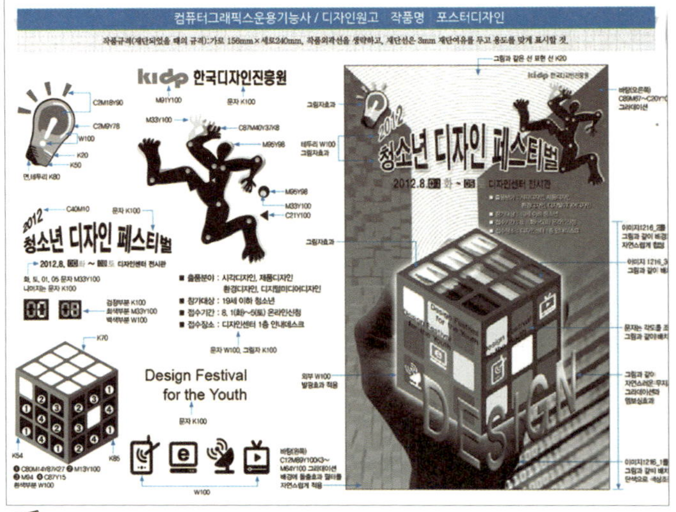

기출문제4회-01-화면설계기획서

02 작업기준 용도의 격자 만들기

Ai CS3 영문

화면설계기획서에 직접 30cm 자와 필기구로 가로/세로 4등분씩 격자를 그립니다. 일러스트레이터를 실행하여 새 작업창(Ctrl+N)을 열고 화면설계기획서의 작품규격대로 가로 폭×세로 폭(164×240mm)을 설정하여 작업 파일을 생성합니다. Rectangular Grid Tool을 선택하고 화면을 클릭하여 가로/세로 폭을 작품규격대로 설정하고 3줄씩 분할자를 주어 4등분 된 격자를 만듭니다. Line Segment Tool 을 선택하여 각 격자의 모서리를 연결하는 사선을 긋습니다. D 드라이브의 작업용 폴더에 Save(Ctrl+S) 합니다.

확인사항

❶ 30cm 자를 이용해서 화면설계기획서에 4등분 격자를 표시할 수 있는가?
❷ 일러스트레이터에서 지시문의 규격에 따라 새로운 작업창을 만들 수 있는가?
❸ 일러스트레이터에서 화면설계기획서와 같은 4등분 격자를 표시할 수 있는가?
❹ 작업용 폴더를 만들고 파일을 저장하였는가?

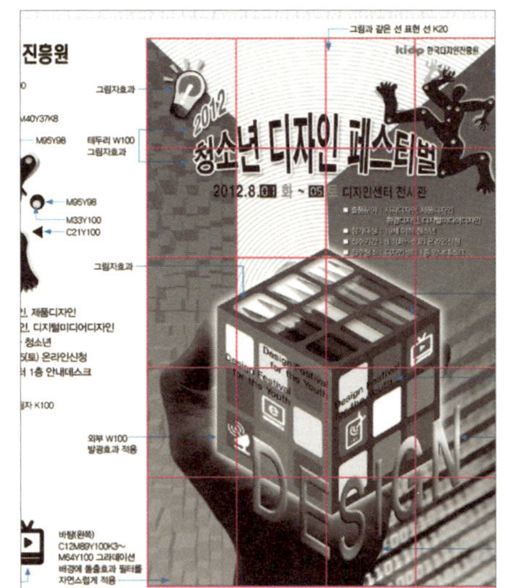

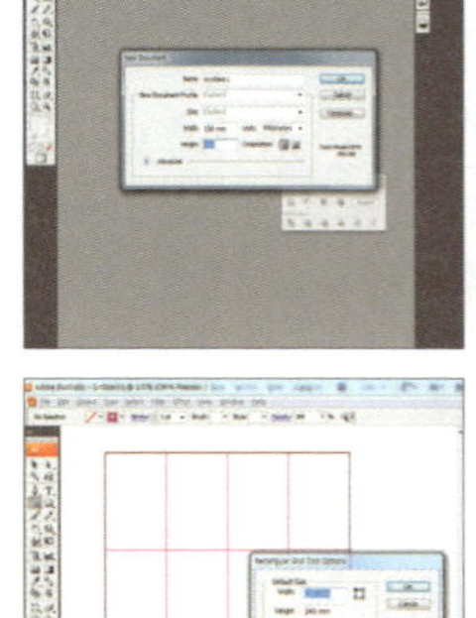

기출문제2회-일러스트-02-그리드만들기

03 포토샵에서 배경 만들기 1

 CS3 영문

포토샵을 실행하여 새 작업창 Ctrl+N 을 열고 재단선영역을 고려하여 지시문의 규격보다 **6mm씩 더한 가로 폭×세로 폭(170×246mm)의 크기**로 설정합니다. Resolution은 100으로 정하여 제출제한용량 3MB를 넘지 않도록 합니다. 일러스트레이터에서 만든 격자를 Copy Ctrl+C 하여 포토샵 작업창에 Paste Ctrl+V 합니다. 포토샵 파일도 작업용 폴더에 Save Ctrl+S 합니다. 새로운 레이어를 만들고 왼쪽에 Polygonal Lasso Tool로 사각형을 그립니다. 화면설계기획서에 지시문대로 그러데이션의 색상을 적용한 후 <u>Filter〉Stylize〉Extrude 메뉴</u>를 선택하여 Block의 크기를 맞추면서 돌출된 형태를 표현합니다.

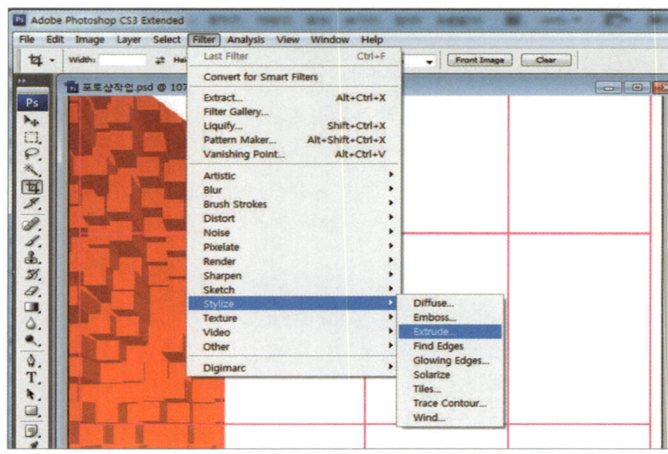

기출문제4회-포토샵-03-포토샵으로배경만들기

확인사항

❶ 재단선을 고려하여 포토샵에서 새 작업창을 만들 수 있는가?
❷ 일러스트레이터의 오브젝트를 포토샵으로 복사하여 가져올 수 있는가?
❸ Polygonal Lasso Tool을 이용하여 원하는 도형을 만들 수 있는가?
❹ 화면설계기획서를 보고 적용된 필터 효과를 파악할 수 있는가?

04 포토샵에서 배경 만들기 2

 CS3 영문

새로운 레이어를 생성한 후 화면 오른쪽에 Polygonal Lasso Tool로 사각형을 그리고 화면설계기획서의 지시문대로 그러데이션 색상을 지정합니다. 수험자료 폴더의 '1226_2' 이미지를 가져와서 격자를 참고하여 위치와 크기를 맞춥니다. **Transform 명령** Ctrl+T 을 실행하고, Ctrl 를 누른 채 각 포인터를 움직여 이미지의 형태를 조절합니다. 화면 오른쪽에 만들어 둔 사각형과 **Create Clipping Mask**를 적용하여 이미지의 필요없는 부분을 가립니다. Add Layer Mask로 마스크 영역을 만들고 흑백 그러데이션으로 위로 갈수록 이미지가 흐릿해지도록 합니다. '1226_1'을 열고 Magic Wand Tool의 'Tolerance'의 수치를 적당히 조절하여 손 이미지만 추출합니다. 손 이미지를 복사하여 작업창에 가져오고 크기와 위치를 조절합니다. <u>Image〉Adjustments〉Desaturate 메뉴</u>로 흑백으로 변환한 후 <u>Hue/Saturate 메뉴</u>를 선택하여 배경의 색상을 고려해서 Hue 수치를 조절합니다. Adjustments의 다양한 메뉴를 사용하여 대비를 강하게 표현하도록 합니다.

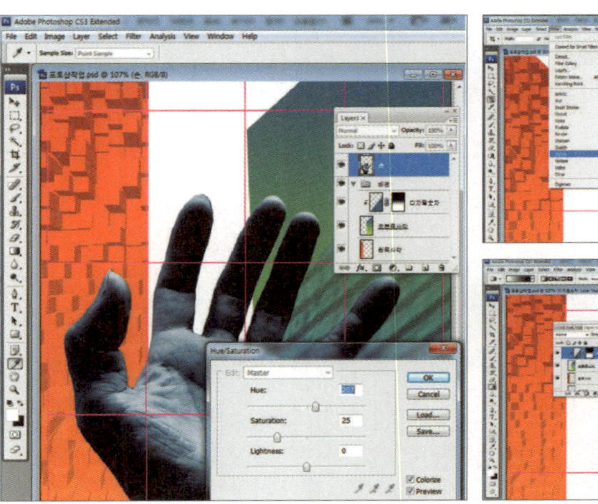

기출문제4회-포토샵-03-포토샵으로배경만들기

확인사항

❶ Transform 단축키로 표현할 수 있는 여러 가지 형태 왜곡 방법을 알고 있는가?
❷ Clipping Mask와 Layer Mask를 활용하여 영역을 보이게 하거나 가릴 수 있는가?
❸ Adjustments 메뉴를 사용하여 원하는 색상 표현을 할 수 있는가?

05 동심원 만들기

 CS3 영문

일러스트레이터를 실행하여 만들어 둔 '그리드 파일'을 열고, '포토샵' 파일을 Import 하여 드로잉 작업 시 위치와 크기의 기준으로 삼도록 화면 중앙에 배치합니다. (만일 가져오기가 적용되지 않으면 포토샵에서 Select All Ctrl+A 명령으로 전체 영역을 선택하고, Copy Merged Ctrl+Shift+C 명령으로 레이어를 하나로 합쳐서 복사한 다음 일러스트레이터에 붙이기 Ctrl+V 하면 이미지를 가져올 수 있습니다.) 격자와 가져온 이미지의 레이어를 잠그고 새로운 레이어를 추가한 다음, 화면 중심을 기준으로 작은 원을 만들고 문서 전체를 덮는 큰 원을 하나 더 만듭니다. Blend Tool을 더블클릭하여 Step을 70으로 설정하여 적용하면 촘촘한 간격의 동심원이 만들어집니다. 면은 None, 선은 K20 색상을 지정합니다.

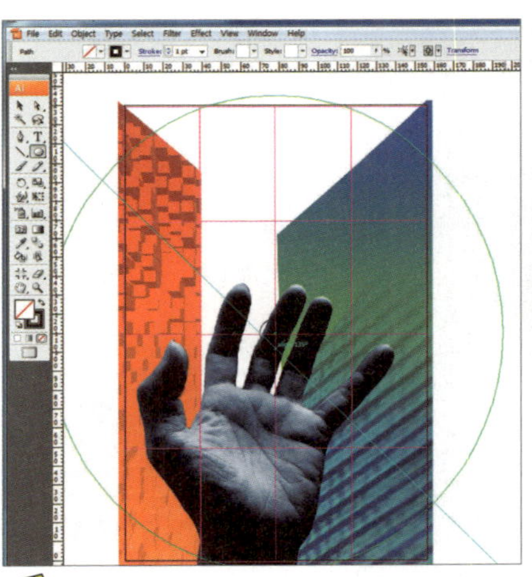
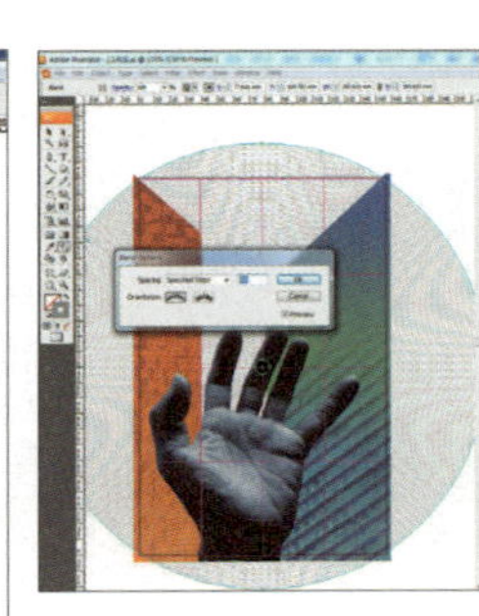

기출문제4회-일러스트-04-배경원만들기

확인사항

❶ 포토샵에서 작업한 파일을 일러스트레이터로 가져오는 다양한 방법을 이해하는가?
❷ Blend Tool의 옵션을 설정하고, 오브젝트에 적용할 줄 아는가?

06 전구 만들기

전구의 윗부분은 원 도형을 이용하고 연결되는 부분은 Pen Tool을 사용하여 전구의 형태를 만듭니다. 전구의 두꺼운 테두리로 사용하기 위해 미리 하나 복사해 두고, 소켓 부분과 가운데 반사되는 부분도 Pen Tool로 드로잉 하고 면을 나누어 세부 형태를 만듭니다. 복잡한 형태를 만들 때에는 색상 지정을 함께하는 편이 쉽습니다. 느낌표는 최대한 비슷한 서체로 입력하고 **Create Outline** 명령으로 도형화하여 전구의 형태에 맞게 각도와 크기를 조절하여 배치합니다. Pen Tool로 복잡한 형태의 오브젝트를 한 번에 드로잉 하는 작업은 매우 어렵고 수정작업도 까다로운 경우가 많으니 포인터의 추가/삭제와 포인터의 수정을 통한 형태 보정 연습을 충분히 해두어야 합니다. 미리 복사해 둔 전구 형태에 테두리의 두께를 두껍게 설정하고 완성된 전구 뒤에 배치하여 가장자리를 뚜렷하게 표현하고, 소켓 부분의 명암 표현과 전구 위의 사다리꼴 도형을 그려넣어 마무리합니다.

확인사항

❶ 복잡한 형태의 도형을 단순한 단위로 구분하여 만들고, 점차 복잡한 형태로 표현하는 과정을 충분히 연습하였는가?

❷ 문자를 도형화하고 원하는 형태로 수정하는 방법을 알고 있는가?

기출문제4회–일러스트–05–전구만들기

07 디자인진흥원 로고 만들기

'kidp' 글자를 입력하고 서체는 'Blippo BIK BT'를 지정합니다. 문자를 도형화하여 'd'와 'p'의 연결 부분은 Line Tool과 Pathfinder를 이용하여 표현합니다. '한국디자인진흥원' 문자를 입력하고 비슷한 헤드라인 계열의 서체를 찾아 크기와 자간을 조절합니다. 서체가 없으면 돋움체를 선택하고 Stroke의 수치를 조절해서 적절한 두께를 표현한 다음 **Expand** 명령으로 도형화합니다. 모양확장이 된 문자는 복잡하게 여러 겹으로 겹쳐져 있으므로 Pathfinder를 사용하여 오브젝트를 정리해야만 합니다. 정리된 글자의 모음과 자음 부분을 문자마다 조금씩 수정하여 화면설계기획서의 로고와 유사하게 표현하도록 합니다.

확인사항

❶ 문자를 도형화하여 원하는 서체로 수정하는 방법을 아는가?

❷ 연결된 오브젝트를 분리할 수 있는가?

기출문제4회–일러스트–06–디자인진흥원로고만들기

08 캐릭터 드로잉

화면설계기획서의 캐릭터를 30cm 자로 4등분을 나눠 격자를 표시합니다. 일러스트레이터에서 같은 크기의 격자를 만들고 화면설계기획서를 참조하며 Pen Tool을 이용하여 캐릭터를 드로잉 합니다. 완성된 오브젝트를 복사하여 뒤에 배치하고 손, 머리, 발 등 조금씩 수정하면서 포개진 느낌을 표현합니다. 이미 작업이 끝난 오브젝트는 방해되지 않도록 **Lock** 명령을 실행하면 필요한 부분만 선택하기 쉽습니다.

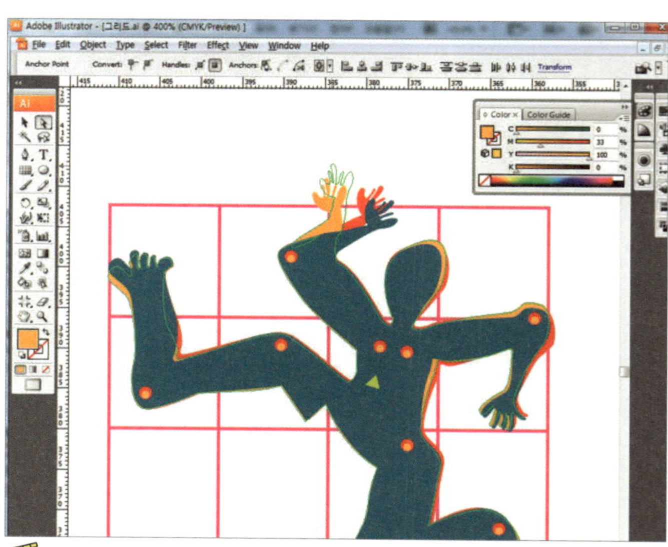

확인사항

❶ 겹쳐진 오브젝트를 수정할 때 Lock 명령을 적절하게 사용할 수 있는가?

기출문제4회–일러스트–07–춤추는 캐릭터만들기

09 포스터 타이틀 만들기

'2012 청소년 디자인 페스티벌' 글자를 입력하고 문자 크기와 자간, 서체 등을 조절합니다. **Object〉Envelope Distort〉Make with Warp 메뉴**를 선택하여 'ArcUpper'를 지정하면 위로 볼록한 형태를 만들 수 있습니다. (미리 문자의 크기와 색상을 설정하지 않으면 수정하기가 불편하므로 주의해야 합니다.) 아래쪽에 내용을 입력하고 디지털 형식의 숫자를 만들 여유를 두고 색상 지정도 미리 해둡니다. 디지털 숫자는 배경으로 사용할 사각형을 먼저 만든 다음, 숫자의 획 굵기와 같은 작은 사각형을 만들고 모서리를 잘라내는 방식으로 숫자를 만듭니다. 분리된 조각들을 복사하여 색상을 조절하면서 여러 숫자를 표현합니다.

확인사항

❶ Warp 메뉴를 사용하여 글자의 형태를 원하는대로 변형시킬 수 있는가?
❷ '선의 도형화 방법'과 '모양 수정 작업'을 할 수 있는가?

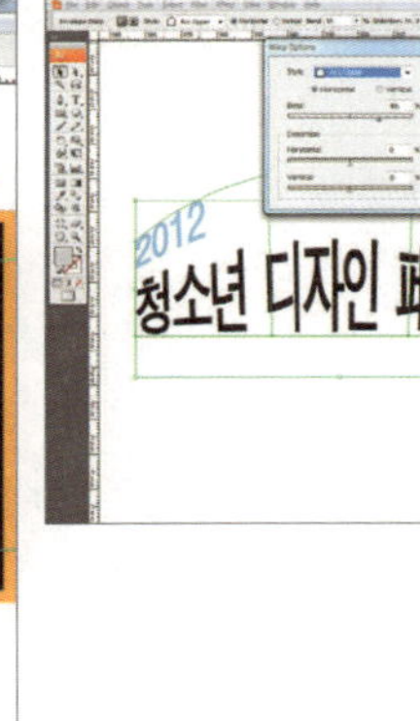

기출문제4회－일러스트－08－타이틀만들기

10 정육면체 상자 만들기

면색을 흰색으로 지정하여 정사각형을 만들고 **Effect〉3D〉Extrude & Bevel 메뉴**를 선택합니다. 'Position'을 'Isometric Right'로 회전시키고, 사각형의 크기와 맞게 'Depth'의 수치를 조절하여 정육면체로 만듭니다. Effect 명령을 적용한 오브젝트는 Appearance 패널에서 **fx** 부분을 더블클릭하여 나타나는 옵션창에서 수정할 수 있습니다. 정육면체의 각 면을 분리하고 면을 복사/축소해서 작은 사각형을 만듭니다. 작은 사각형의 모서리를 둥글게 수정하고 가로/세로 3개씩 간격에 유의하여 배치하고 화면설계기획서의 지시문에 따라 각각의 색상을 적용합니다.

확인사항

❶ 각도와 깊이를 조절하여 입체 도형을 만들 수 있는가?
❷ 사각형의 모서리를 둥글게 처리할 수 있는가?

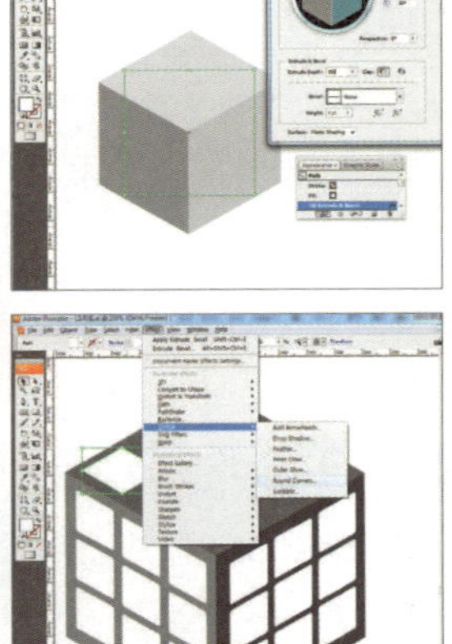

기출문제4회－일러스트－09－상자만들기

11 아이콘 만들기

스마트폰 형태의 아이콘을 만들어 보겠습니다. Rounded Rectangle Tool로 작업창을 클릭하여 옵션창 열고 'Corner Radius'의 수치를 조절하여 모서리가 둥근 사각형을 만든 다음, 두꺼운 윤곽선을 표현합니다. 안테나 부분은 Line Tool로 그리고 Stroke 패널의 옵션 중 'Round Cap'을 선택하여 선 끝을 둥글게 표현합니다. 내부의 라인은 원을 그려 필요없는 부분은 잘라내고 선의 굵기와 선 끝 부분을 둥글게 표현합니다. 나머지 아이콘들도 유사한 방법으로 제작하도록 합니다.

확인사항

❶ Corner Radius 수치를 조절하여 모서리가 둥근 사각형을 만들 수 있는가?
❷ Stroke 윈도우에서 선의 굵기와 Cap의 옵션을 이해하는가?

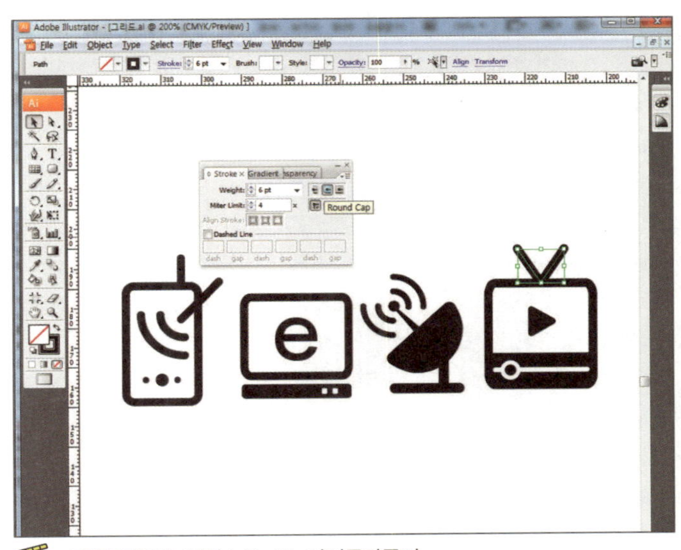

기출문제4회－일러스트－10－아이콘만들기

12 페스티벌 내용 입력하기

페스티벌 글자의 아래 안내 문구는 화면설계기획서를 참고하여 '굴림체 9pt'로 입력하고, 행간을 조절하여 줄 간격을 넓힙니다. 문자를 같은 자리에 복사하여 색상을 흰색으로 바꾸고 하단의 검은색 글자는 그림자로 표현합니다. 키보드의 방향키를 좌측(←)과 상단(↑)으로 한 두 번 씩만 클릭하면 조금씩 위치를 수정할 수 있습니다. 키보드를 눌렀을 때 필요 이상으로 이동하는 경우에는 Edit〉Preferences〉General〉Keyboard Increment 메뉴 Ctrl+K 에서 수치를 낮추면 이동간격 옵션을 지정할 수 있습니다.

확인사항

❶ 행간과 자간을 조절하여 글자의 공간을 원하는 만큼 띄울 수 있는가?

❷ 키보드의 증감 수치를 조절하여 오브젝트를 정교하게 이동시킬 수 있는가?

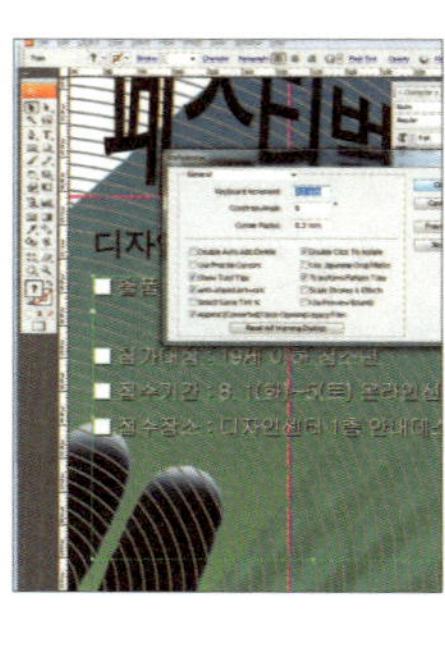

기출문제4회–일러스트–11–텍스트정리하기

13 포토샵으로 오브젝트 복사하기 1

일러스트레이터에서 동심원 오브젝트를 Copy Ctrl+C 하여 포토샵 작업창에 Paste Ctrl+V 하여 옮겨두고 배경 레이어의 하단에 배치합니다. 타이틀 부분은 Layer Style의 Stroke와 Drop Shadow를 적용하고 전구는 타이틀 왼쪽 상단에 배치한 다음 Drop Shadow를 적용합니다. 디자인진흥원 로고와 춤추는 사람 오브젝트도 가져온 후 크기와 위치를 조절하여 배치합니다. 정육면체 상자를 복사하여 손 이미지 위에 두고 Layer Style의 Outer Glow를 적용하여 발광 효과를 표현합니다. 정육면체 상자의 왼쪽 면에 위치한 작은 사각형과 아이콘 도형도 지정된 위치에 두고 기울기를 조절하며 배치합니다. 우측 상단에 'Design Frstival for the Youth' 문자를 입력하고 왼쪽 면의 각도에 맞추어 배치합니다.

확인사항

❶ Layer Style의 Stroke, Drop Shadow, Outer Glow를 사용할 수 있는가?

❷ 포토샵의 Transform〉Skew 메뉴로 기울기를 조절할 수 있는가?

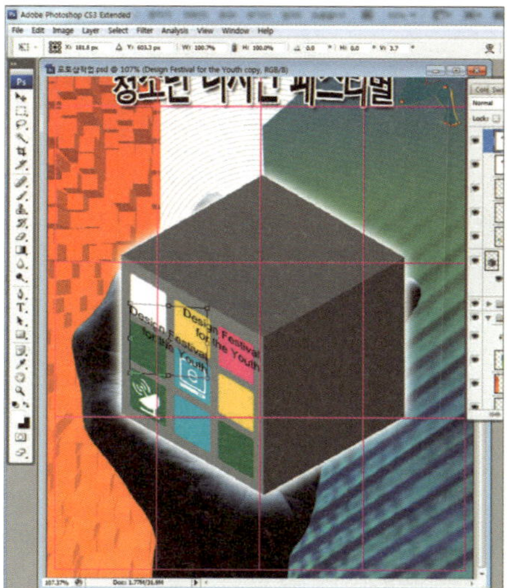
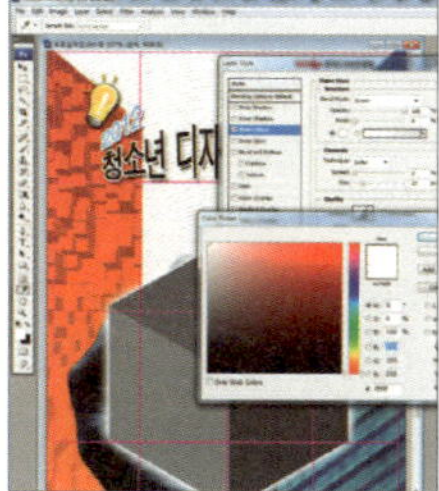

기출문제2회–포토샵–12–포토샵으로 복사하기1

14 포토샵으로 오브젝트 복사하기 2

정육면체 상자의 오른쪽 면에 있는 작은 사각형과 아이콘 도형, 영문자도 같은 요령으로 복사하여 포토샵의 작업창에 배치합니다. 정육면체 상자 상단의 작은 사각형을 가져와서 배치하고 수험자료 폴더의 '1216_3' 이미지를 가져와서 상위 레이어에 배치합니다. 작은 사각형 레이어와 색연필 레이어 사이에 Clipping Mask를 적용합니다. Transform을 사용하여 기울기를 조절한 다음, 작은 사각형 레이어에 Inner Shadow 효과로 내부 그림자를 표현합니다. 상자의 왼쪽면에 'DE' 글자를 입력하고 크기와 기울기를 맞추고, 무지개색의 Gradient Overlay와 Bevel and Emboss 효과를 적용합니다. 상자의 오른쪽면에 'SIGN' 글자를 입력하고 같은 효과를 적용합니다. File〉Save As 메뉴를 선택하여 본인의 비번호로 파일명을 입력하고 JPEG형식을 선택하여 저장합니다.

확인사항

❶ 클리핑 마스크를 사용하여 특정 형태 안에 이미지가 보이게 할 수 있는가?

❷ Layer Style의 Inner Shadow, Gradient Overlay, Bevel and Emboss 를 사용할 수 있는가?

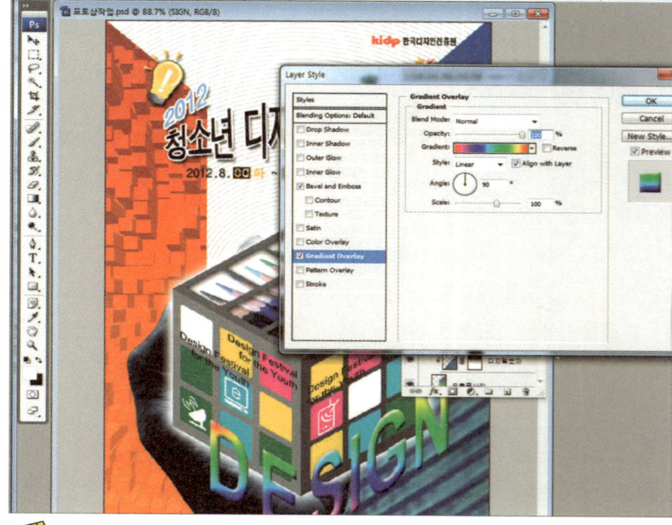

기출문제2회–포토샵–13–복사하고 복사하기2

11 인디자인에서 마무리하기

인디자인을 실행하여 새 작업창 Ctrl+N 을 열고 'A4' 규격을 선택하고 Margins
를 모두 0mm로 지정합니다. Rectangle Tool로 화면 가운데를 클릭하여 가로 폭
×세로 폭(162×246mm)의 수치를 입력합니다. **File〉Place 메뉴**로 저장해 둔
JPEG 파일을 가져옵니다. 다시 한 번 Rectangle Tool을 선택하여 가로 폭×세
로 폭(156×240mm)의 수치를 입력한 후, 두 사각형을 모두 선택하고 Align 패
널의 맞춤대상을 'Align to Page'를 선택한 다음, 수평/수직 모두 페이지 가운데
에 오도록 합니다. '작품 외곽선을 표현하라'는 지시문대로 안쪽의 사각형에 '1pt'
의 테두리를 지정합니다.

확인사항

❶ 인디자인에서 신규 파일의 크기를 설정하고 여백의 수치를 입력할 수 있는가?
❷ 원하는 크기의 프레임을 생성하고, 프레임에 이미지를 불러올 수 있는가?
❸ Align 패널을 사용하여 여러 오브젝트를 페이지의 가운데에 정렬시킬 수 있는가?

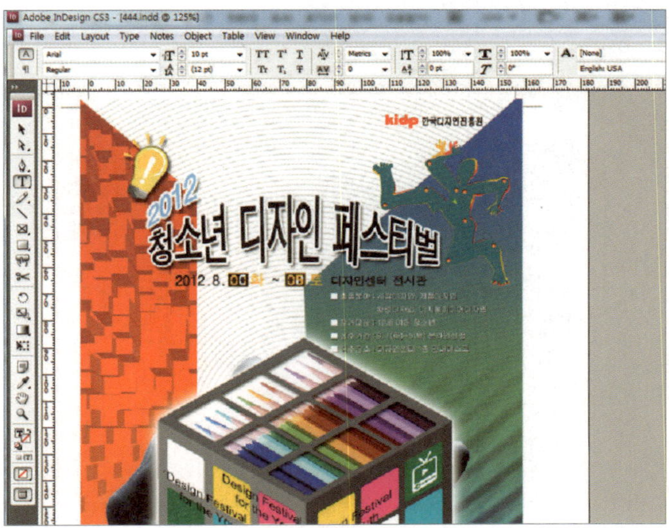

🖼 **기출문제4회−인디자인−14−재단선만들기**

16 재단선 만들기

안쪽 사각형의 왼쪽 상단 모서리를 원점으로 설정하고, 사각형의 네 모서리 바깥
으로 길이 7mm, 두께 0.5pt의 재단선을 만듭니다. 재단선 작업을 할 때에는 안
내선을 설정해두고 작업하는 것이 정확하며, 매번 선을 긋지 말고 가로/세로 재
단선 한 세트를 복사해서 각 모서리에 배치하는 것이 빠릅니다. 좌측 하단에 프레
임 상자를 만들고 '10pt 고딕' 계열의 서체로 비번호를 입력합니다.

확인사항

❶ 좌표의 원점을 원하는 위치로 이동할 수 있는가?
❷ 선의 기준을 정하여 좌표를 지정하는 방법을 알고 있는가?
❸ '단계 및 반복' 메뉴를 사용하여 오브젝트를 복제할 수 있는가?

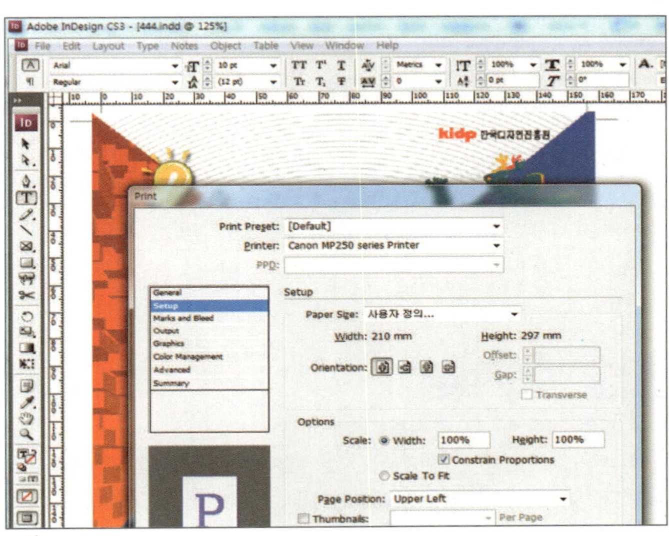

🖼 **기출문제4회−인디자인−14−재단선만들기**

17 저장하고 프린트하기

인디자인에서의 작업이 완료되면 비번호를 파일명으로 지정하고 Save Ctrl+S
합니다. 감독관의 지시에 따라 인디자인 파일과 JPEG 파일이 저장된 폴더를 제
출하고 프린터가 연결된 컴퓨터에서 인디자인 파일을 열어 A4 용지에 100% 크
기로 프린트를 실행합니다. 프린트된 용지를 시험장에서 제공하는 A3 켄트지에
붙여서 제출합니다. 보통 감독관이 프린트 등의 제출과정을 대신 하지만 여러분
이 직접 해야 할 수도 있으므로, 반드시 인디자인에서 프린트를 하는 연습을 해
두어야 합니다.

확인사항

❶ 작업 파일의 전체 용량을 확인할 수 있는가?
❷ File〉Print 메뉴를 사용하여 프린트를 할 수 있는가?

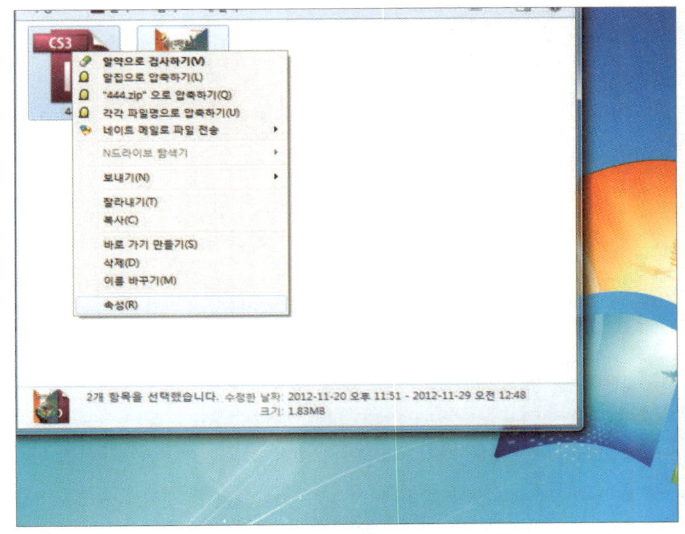

🖼 **기출문제4회−인디자인−14−재단선만들기**

컴퓨터그래픽스운용기능사 | 작품명 | 전단지디자인

01 화면설계기획서와 수험자료 검토하기

http://graphics.yoondle.com 동영상 강의 사이트에서 수험자료를 다운받고 압축을 풀어보면 '수험자료', '작업중', '결과물' 3개의 폴더가 있습니다. 시험장에는 수험생이 배정받은 PC의 바탕화면 등에 수험자료가 복사되어 있습니다. 작업과정에 사용할 이미지 파일이 모두 있는지 화면설계기획서와 비교하여 확인합니다. D나 E 드라이브에 작업용 폴더를 만들고, 수험자료 폴더도 복사합니다. 시험장에서는 재부팅 시 C 드라이브를 초기화하는 프로그램이 설치된 경우가 많습니다. 바탕화면이나 내 문서 등도 C 드라이브 영역이니 가능하면 다른 드라이브에서 작업하는 것이 바람직합니다.

확인사항

❶ 화면설계기획서와 수험자료를 충분히 검토하였는가?
❷ 작업순서를 예측하여 설계하고 시간을 분배하는 계획을 세웠는가?
❸ 수험자료 폴더와 작업용 폴더는 만일을 대비하여 D 드라이브에 생성하였는가?

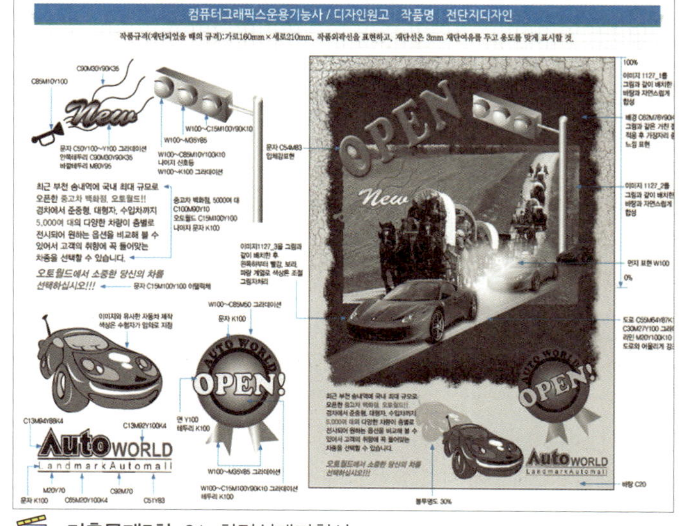

기출문제5회-01-화면설계기획서

02 작업기준 용도의 격자 만들기

`Ai` CS6 한글

화면설계기획서에 직접 30cm 자와 필기구로 가로/세로 4등분씩 격자를 그립니다. 일러스트레이터를 실행하여 새 작업창 Ctrl+N 을 열고 화면설계기획서의 작품규격대로 가로 폭×세로 폭(160×210mm)을 설정하여 작업 파일을 생성합니다. 사각형격자 도구를 선택하고 화면을 클릭하여 가로/세로 폭을 작품규격대로 설정하고 3줄씩 분할자를 주어 4등분 된 격자를 만듭니다. 선 도구를 사용하여 각 격자의 모서리를 연결하는 사선을 긋습니다. D 드라이브의 작업용 폴더에 저장 Ctrl+S 합니다.

확인사항

❶ 30cm 자를 이용해서 화면설계기획서에 4등분 격자를 표시할 수 있는가?
❷ 일러스트레이터에서 지시문의 규격에 따라 새로운 작업창을 만들 수 있는가?
❸ 일러스트레이터에서 화면설계기획서와 같은 4등분 격자를 표시할 수 있는가?
❹ 작업용 폴더를 만들고 파일을 저장하였는가?

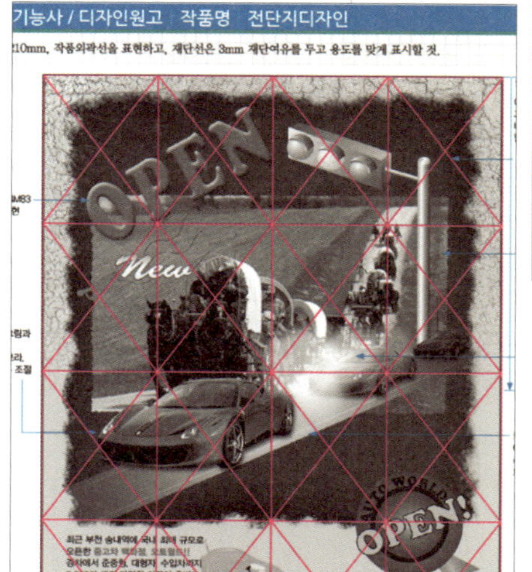

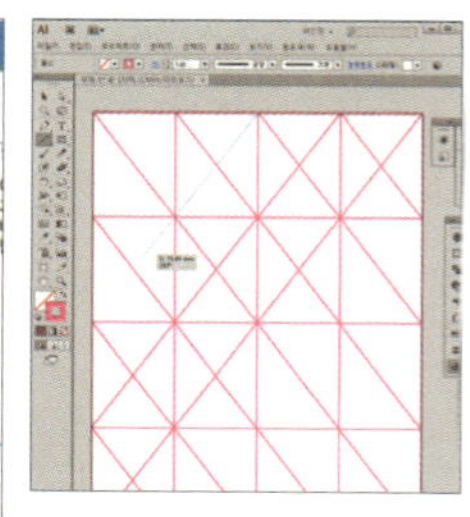

기출문제5회-포토샵-02-그리드만들기

03 포토샵에서 배경 이미지 작업하기

포토샵을 실행하여 새 작업창을 Ctrl+N 열고 재단선영역을 고려하여 지시문의 규격보다 **6mm씩 더한 가로 폭×세로 폭(166×216mm)의 크기**로 설정합니다. 해상도는 100으로 정하여 제출제한용량 3MB를 넘지 않도록 합니다. 작업한 격자를 복사 Ctrl+C 하여 붙이기 Ctrl+V 합니다. 포토샵 파일도 작업중 폴더에 저장 Ctrl+V 합니다. 수험자료 폴더의 이미지 '1127_1'을 작업창에 가져와서 위치와 크기를 맞추고 레이어마스크를 사용하여 아래로 내려갈수록 흐려지는 배경을 표현합니다. 배경 레이어에는 C20색을 칠합니다. 새로운 레이어를 추가하고 사각형을 만듭니다. 지시문의 색상을 채우고, 브러시를 사용하여 레이어마스크에 검은색으로 가장자리에 뜯긴 종이 느낌을 살리며 칠한 다음, **필터>노이즈>노이즈 추가 메뉴**를 사용하여 거친 질감을 표현합니다. 이미지 '1127_2'를 가져와서 배치하고 필요한 크기만큼 보이도록 사각형 마스크레이어로 가립니다. 마스크레이어를 선택한 상태에서 **필터>왜곡>바다물결 메뉴**를 사용하여 가장자리를 물결모양으로 만듭니다.

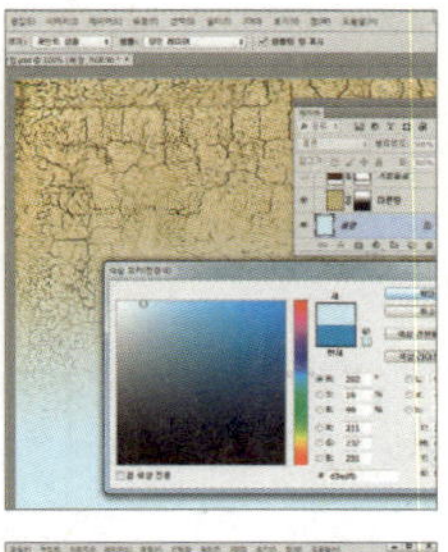
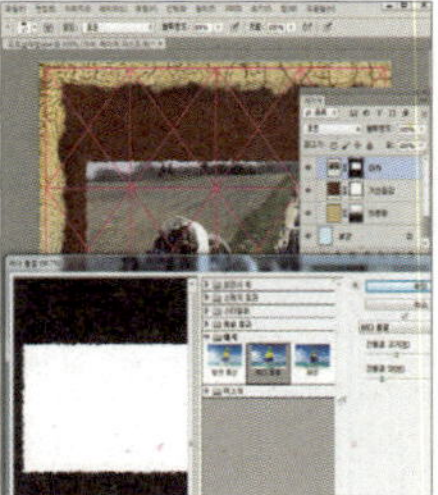

기출문제5회-포토샵-03-포토샵에서 이미지합성하기

확인사항

❶ 레이어마스크를 사용하여 이미지를 가리거나 보이게 할 수 있는가?

❷ 브러시 패널의 옵션을 조절하여 거친 질감을 표현하며 드로잉 할 수 있는가?

04 이미지에 효과 표현하기

새로운 레이어를 추가하고 다각형 올가미 도구로 도로를 그립니다. 도로에 그러데이션을 적용하고, 새로운 레이어에 차선을 그립니다. 도로는 테두리 사각형 내부에만 보여야 하므로 마스크를 복제하여 적용시킵니다. 수험자료 폴더의 '1127_3'의 자동차를 자석 올가미 도구로 선택, 추출하여 가져오고 **그림자 효과**를 적용합니다. 자동차를 두 개 더 복사해서 크기와 위치를 맞추고 각각 조절 레이어의 '색조/채도' 메뉴를 선택하여 보라, 파랑 계열로 색조를 변경합니다. 조절 레이어는 아래의 모든 레이어에 영향을 주므로 마스크레이어나 클리핑기능으로 특정 레이어에만 적용되도록 합니다. 새 레이어를 만들고 브러시 도구의 불투명도를 낮추고 자동차 뒷편을 조금씩 칠하면서 연기를 표현합니다. 레이어의 수가 많으므로 레이어들을 그룹으로 묶으면서 작업하세요.

기출문제5회-포토샵-04-자동차추출하기

확인사항

❶ 원하는 이미지를 배경에서 추출하기 위해 선택 도구를 직관적으로 판단할 수 있는가?

❷ 조절 레이어의 사용방법과 특성을 이해하고 있는가?

05 나팔 만들기

원과 사각형 등의 기본 도형을 조합하여 나팔 형태를 만듭니다. 선 도구로 나팔 오른쪽에 선을 그리고 **효과>변형과 왜곡>지그재그 메뉴** 중 '매끄럽게' 옵션을 선택하여 구불구불한 곡선으로 표현합니다. 선을 복사하고 각도를 조절하여 세 개의 선을 만듭니다. 'New'글자를 입력하고 'Brush Script 서체'를 지정합니다. 문자를 도형화 시키고 **오브젝트>패스>패스이동 메뉴**를 실행하여 바깥 테두리로 사용할 오브젝트를 하나 더 만듭니다. 지시문대로 그러데이션과 테두리의 색상을 지정하고 세 선 위에 배치합니다.

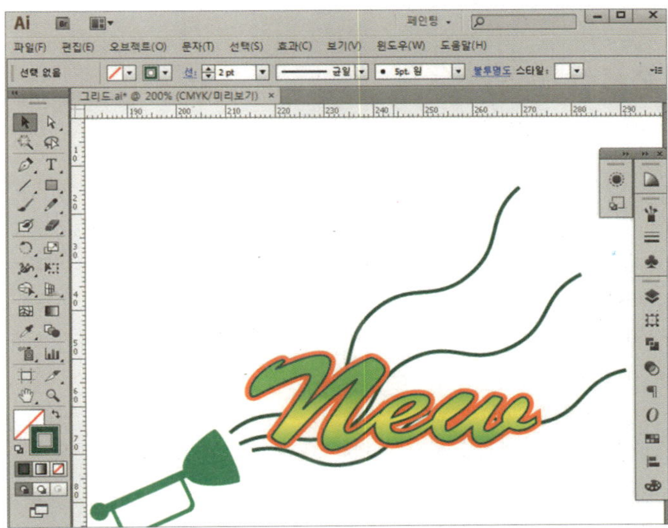

기출문제5회-일러스트-04-나팔만들기

확인사항

❶ 기본 도형을 조합하여 복잡한 형태의 도형을 만들 수 있는가?

❷ 패스 이동 명령을 이해하고 이중 테두리 표현에 사용할 수 있는가?

06 신호등 만들기

화면설계기획서의 신호등을 4등분하여 격자를 그리고, 일러스트레이터에서도 같은 크기의 격자를 만듭니다. 사각형과 원으로 오른쪽에 기둥 형태와 가로 막대를 만듭니다. 그러데이션을 미리 적용해두면 회전시켰을 때 그러데이션의 방향을 다시 조절해야 하는 번거로움을 피할 수 있습니다. 끝 부분은 포인트를 추가하여 곡선을 표현합니다. 사각형을 만들고 기울기를 조절하여 입체형태로 만들고 흑백 그러데이션으로 방향을 조절하여 신호등 박스를 만듭니다. 원을 그리고 두 개 더 복사해서 등끼리의 간격을 조절한 후, 그러데이션 색상을 수정하여 완성합니다.

확인사항

❶ 그러데이션으로 도형의 입체감을 표현할 수 있는가?

❷ 기울기에 맞는 그러데이션 방향 설정을 할 수 있는가?

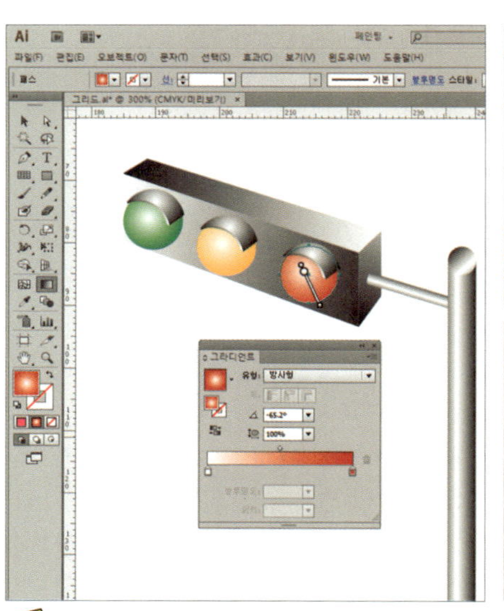
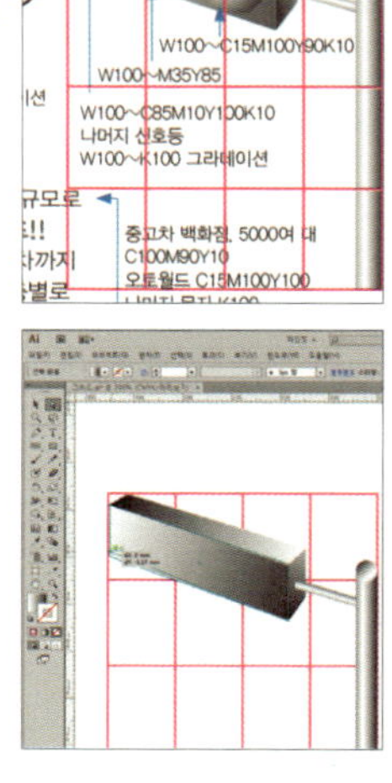

기출문제5회-일러스트-05-신호등만들기

07 메달 만들기

다른 크기의 원을 두 개 만들고 표개어 놓습니다. 큰 원에 그러데이션을 적용합니다. 작은 원은 하나 더 복사하여 옆에 준비해두고 원래 작은 원에 **패스 위의 문자 도구**를 이용해 'AUTO WORLD' 글자를 입력하고 원의 상단에 오도록 위치를 조절합니다. 복사해 두었던 작은 원을 가운데 배치하고 테두리와 면에 지시문대로 색상을 적용합니다. 중심에 맞춰 'OPEN!' 글자를 입력하고 서체와 크기를 조절합니다. 펜 도구로 하단의 리본을 그리고 맞은 편으로 복제한 다음, 배치 순서를 정돈하여 원 뒤에 둡니다.

확인사항

❶ 패스 위의 문자 도구를 이용해 입력된 문자의 위치를 수정하고 정렬할 수 있는가?

❷ 한 레이어 상에서 서로 포개진 오브젝트의 상하 위치를 정돈하는 방법을 알고 있는가?

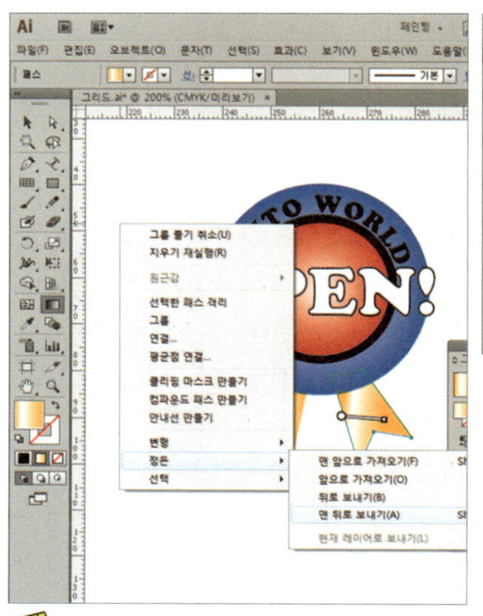
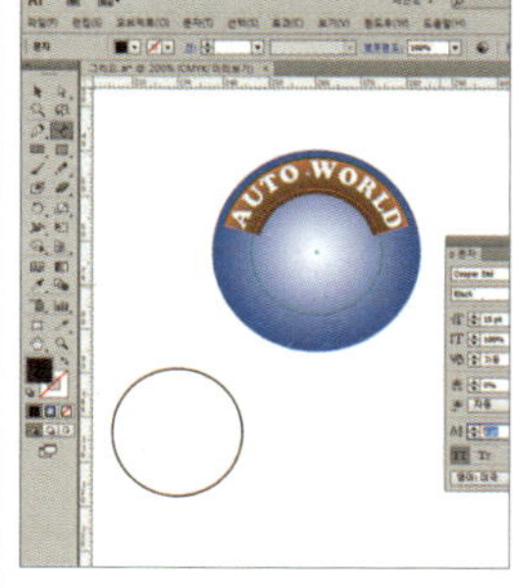

기출문제5회-일러스트-07-메달만들기

08 로고 만들기

'Auto WORLD' 글자를 입력하고 'Arial 서체'로 지정합니다. Auto 부분만 두꺼운 글꼴 스타일 'Black'으로 변경합니다. 문자를 도형화하고 'A'의 가로획을 삭제하고 'A'와 't'글자의 위쪽을 뾰족하게 수정합니다. **오브젝트>패스>패스이동 메뉴**로 확장된 면을 만들고 테두리에만 색상을 적용합니다. 하단에 4개의 직선을 그려서 서로 다른 색상을 적용하고 'Landmark Automall'글자를 입력하여 **강제정렬** 명령으로 양쪽 끝까지 문자의 간격을 맞춥니다. 위의 선을 복사하여 하단에 배치하고 간격을 조절하여 마무리합니다.

확인사항

❶ 문자를 입력하고 도형화 하여 부분적인 형태 수정 작업을 진행하는 방법을 아는가?

❷ 프레임 안의 내용을 강제정렬로 양끝 맞추기하는 명령을 알고 있는가?

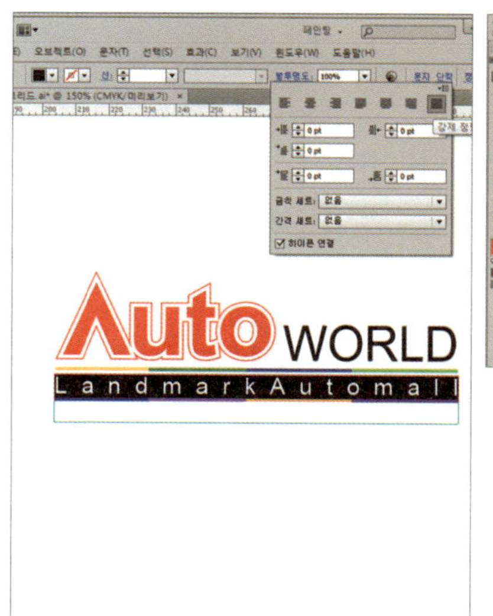
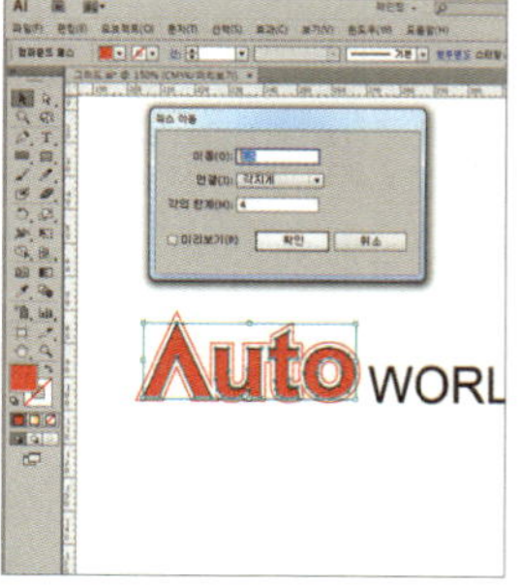

기출문제5회-일러스트-07-로고만들기

09 자동차 드로잉

Ai CS6 한글

화면설계기획서의 자동차 이미지에 격자를 그리고 일러스트레이터에서도 같은 크기의 격자를 만들어 드로잉의 기준선을 준비합니다. 브러시 도구를 이용하여 격자를 참고하여 프리핸드로 드로잉을 진행합니다. 일러스트레이터의 브러시 옵션에는 **매끄러움** 옵션이 있어서 부드러운 라인이 생성되는 장점이 있지만, 형태가 왜곡되는 경우도 간혹 발생하므로 수정 작업을 병행하여야 합니다. 드로잉 작업시 채색하여야 할 부분을 예측하면서 작업하여 색상지정이 쉽도록 만듭니다. 두꺼운 라인이나 가장자리가 뾰족해지는 부분은 브러시 옵션의 각도와 원형율을 조절하여 표현할 수 있습니다. 수험자가 임의대로 색상을 지정하라는 지시문대로 전체적인 이미지와 어울리도록 색상을 지정합니다.

❶ 브러시 도구의 옵션 설정을 하고 드로잉 할 수 있는가?

❷ 오브젝트를 연결하여 필요한 만큼 색상 적용을 하면서 정돈하는 방법을 알고 있는가?

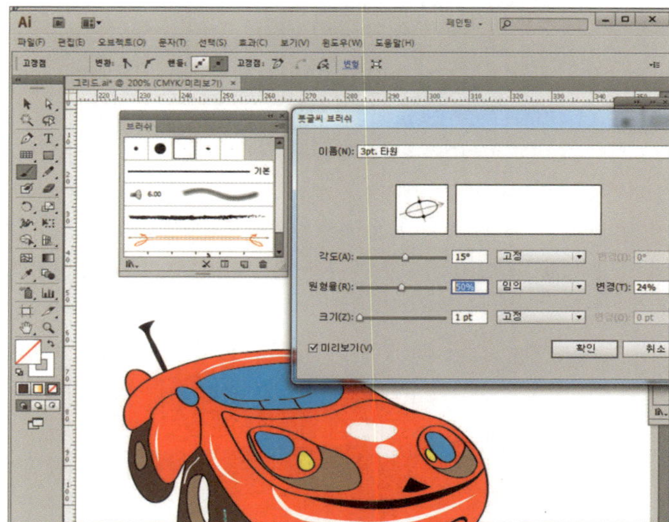

기출문제5회-일러스트-09-자동차일러스트

10 포토샵으로 오브젝트 복사하기

Ps CS6 한글

포토샵 파일을 열고 일러스트레이터에서 만들어진 신호등과 나팔을 복사 Ctrl + C 하여 포토샵 작업창으로 붙이기 Ctrl + V 합니다. 자동차를 가져와 화면 하단에 위치와 크기를 조절하여 배치합니다. 자동차를 하나 더 복사하고 복사한 자동차를 뒤쪽으로 옮기고 레이어의 불투명도를 30%로 낮추어 동세를 표현합니다. 메달과 로고를 가져와서 우측 하단에 배치합니다. **파일>다른이름으로 저장 메뉴**를 선택하여 파일명은 본인의 비번호를 입력하고 **JPEG형식**을 선택하여 저장합니다.

❶ 일러스트레이터에서 작업한 오브젝트를 포토샵으로 가져와서 크기와 위치를 조절하여 배치할 수 있는가?

❷ 포토샵에서 JPEG형식으로 저장하는 방법을 알고 있는가?

기출문제3회-포토샵-10-포토샵으로 복사하기

11 인디자인에서 마무리하기

Id CS6 한글

인디자인을 실행하여 새 작업창 Ctrl + N 을 열고 'A4 규격'을 선택한 다음 여백을 모두 0mm로 지정합니다. 사각프레임 도구를 선택, 화면의 빈 곳을 클릭하여 가로 폭×세로 폭(166×216mm)의 수치를 입력합니다. **파일>가져오기 메뉴**로 저장해 둔 JPEG 파일을 가져옵니다. 다시 한 번 사각프레임 도구를 선택하여 가로 폭×세로 폭(160×210mm)의 수치를 입력한 후, 두 사각형을 모두 선택하여 정렬 패널에 맞춤대상을 '페이지에 정렬'을 선택하고 수평/수직 모두 '가운데 정렬'로 페이지 가운데에 배치합니다. 작품 외곽선을 표현하라는 지시문에 따라 안쪽 사각형의 테두리를 '1pt'로 지정합니다. 좌측 하단에 텍스트 프레임을 만들어 화면설계기획서의 오토월드 소개글을 입력하고 문자 크기와 행간을 맞춥니다. 중간에 다른 색상이 적용된 부분이 있으므로 주의하여 색상을 지정합니다. 하단의 두꺼운 고딕계열의 문자는 돋움체를 사용하되 테두리의 수치를 올려 두께감을 표현합니다. 문자 패널의 기울이기 옵션을 조절하여 마무리합니다.

❶ 인디자인에서 신규 파일의 크기를 설정하고 여백의 수치를 지정할 수 있는가?

❷ 원하는 크기의 프레임을 생성하고, 프레임에 이미지를 불러올 수 있는가?

❸ 텍스트를 입력하고 문자 패널을 사용해서 글자의 형태를 표현하는 방법을 아는가?

기출문제5회-인디자인-11-인디자인에서 텍스트입력하고 재단선만들기

12 재단선 만들고 저장하기

안쪽 사각형의 왼쪽 상단 모서리를 원점으로 설정하고, 사각형의 네 모서리 바깥으로 길이 7mm, 두께 0.5pt의 재단선을 만듭니다. 재단선 작업을 할 때에는 안내선을 설정해두고 작업하는 것이 정확하며, 매번 선을 긋지 말고 가로/세로 재단선 한 세트를 복사해서 각 모서리에 배치하는 것이 빠릅니다. 좌측 하단에 프레임 상자를 만들고 '10pt 고딕' 계열의 서체로 비번호를 입력합니다. 인디자인에서의 작업이 완료되면 비번호를 파일명으로 지정하고 Save Ctrl + S 합니다. 감독관의 지시에 따라 인디자인 파일과 JPEG 파일이 저장된 폴더를 제출하고 프린터가 연결된 컴퓨터에서 인디자인 파일을 열어 A4 용지에 100% 크기로 프린트를 실행합니다. 프린트된 용지를 시험장에서 제공하는 A3 켄트지에 붙여서 제출합니다. 보통 감독관이 프린트 등의 제출과정을 대신 하지만 여러분이 직접 해야 할 수도 있으므로, 반드시 인디자인에서 프린트를 하는 연습을 해 두어야 합니다.

기출문제5회-인디자인-11-인디자인에서 텍스트입력하고 재단선만들기

확인사항

❶ 좌표의 원점을 원하는 위치로 이동할 수 있는가?

❷ 작업 파일의 전체용량을 체크하는 방법을 아는가?

❸ 텍스트 상자에 글을 입력한 후 서체/색상/크기/자간/행간을 설정할 수 있는가?

❹ 파일〉인쇄 메뉴를 사용하여 프린트를 할 수 있는가?

윤들쥔장과 컴퓨터그래픽스 운용기능사 비밀과외2390

컴퓨터그래픽스운용기능사실기시험 기출문제 동영상강의

제6회 · 북커버디자인 (CS6 한글)

제7회 · 포스터디자인 (CS3 영문)

제8회 · 포스터디자인 (CS3 영문)

제9회 · 포스터디자인(CS6 한글)

제10회 · 광고디자인 (CS6 한글)

컴퓨터그래픽스운용기능사 | 작품명 | 북커버디자인

01 화면설계기획서와 수험자료 검토하기

http://graphics.yoondle.com 동영상 강의 사이트에서 수험자료를 다운받고 압축을 풀어보면 '수험자료', '작업중', '결과물' 3개의 폴더가 있습니다. 시험장에는 수험생이 배정받은 PC의 바탕화면 등에 수험자료가 복사되어 있습니다. 작업과정에 사용할 이미지 파일이 모두 있는지 화면설계기획서와 비교하여 확인합니다. D나 E 드라이브에 작업용 폴더를 만들고, 수험자료 폴더도 복사합니다. 시험장에서는 재부팅 시 C 드라이브를 초기화하는 프로그램이 설치된 경우가 많습니다 바탕화면이나 내 문서 등도 C 드라이브 영역이니 가능하면 다른 드라이브에서 작업하는 것이 바람직합니다.

확인사항

❶ 화면설계기획서와 수험자료를 충분히 검토하였는가?
❷ 작업순서를 예측하여 설계하고 시간을 분배하는 계획을 세웠는가?
❸ 수험자료 폴더와 작업용 폴더는 만일을 대비하여 D 드라이브에 생성하였는가?

기출문제6회-01-화면설계기획서

02 작업기준 용도의 격자 만들기

Ai CS6 한글

화면설계기획서에 직접 30cm 자와 필기구로 책등을 사이에 두고 앞, 뒷면을 각각 가로/세로 4등분씩 격자를 나눕니다. 일러스트레이터에서 새 작업창 **Ctrl + N** 을 열고 지시문의 작품규격대로 가로 폭×세로 폭(232×160mm)를 설정하여 작업 파일을 생성합니다. 문서 크기와 같은 사각형을 만들고 **오브젝트〉패스〉격자로 나누기 메뉴**를 선택하여 '단' 2, '사이값' 8mm의 수치를 입력하여 사각형을 분리합니다. 분리된 사각형에 격자로 나누기 명령을 재실행하여 열과 단을 4르 지정, 4등분합니다. '사이값'은 0으로 지정하여 필요 없는 공간이 발생하지 않드록 합니다. D 드라이브에 작업용 폴더를 만들고 일러스트레이터 파일을 저장 **Ctrl + S** 합니다.

확인사항

❶ 30cm 자를 이용해서 화면설계기획서에 4등분 격자를 표시할 수 있는가?
❷ 일러스트레이터에서 지시문의 규격에 따라 새로운 작업창을 만들 수 있는가?
❸ 일러스트레이터에서 화면설계기획서와 같은 4등분 격자를 표시할 수 있는가?
❹ 작업용 폴더를 만들고 파일을 저장하였는가?

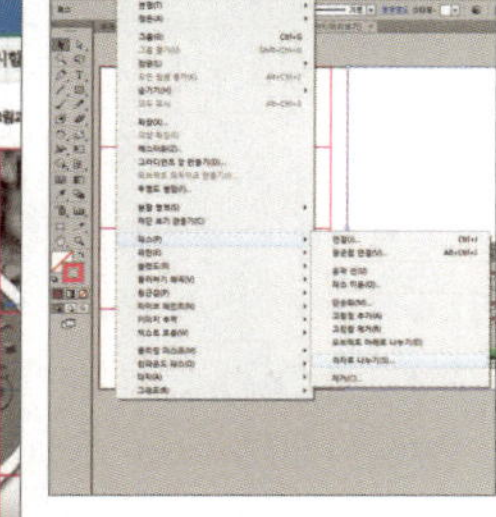

기출문제6회-일러스트-02-그리드만들기

03 포토샵에서 배경이미지 작업하기 1

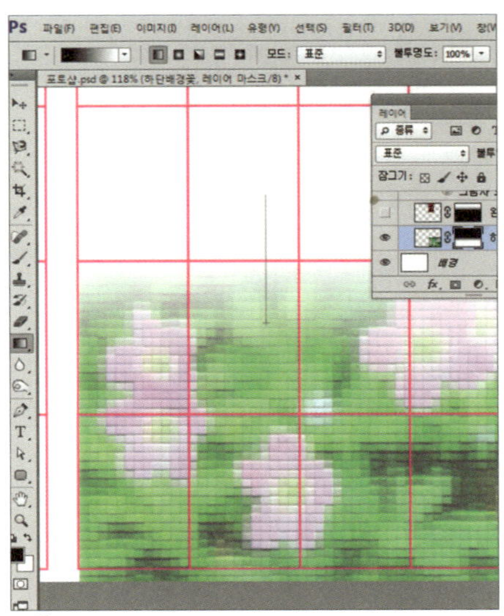

Ps CS6 한글

포토샵을 실행하여 새 작업창(Ctrl+N)을 열고 재단선영역을 고려하여 지시문의 규격보다 **6mm씩 더한 가로 폭 × 세로 폭(238×166mm)의 크기**로 설정합니다. 해상도는 100으로 정하여 제출제한용량 3MB를 넘지 않도록 합니다. 일러스트레이터에서 만든 격자를 복사(Ctrl+C)하여 포토샵의 작업창에 붙이기(Ctrl+V) 합니다. 포토샵 파일도 작업용 폴더에 저장(Ctrl+S)합니다. 수험자료 폴더의 '1217_2'를 가져와서 우측 하단에 크기와 위치를 조절하여 배치합니다. **필터>흐림효과>가우시안 흐림 효과 메뉴**를 실행하여 적용하고, 다시 **필터>텍스처>이어 붙이기 효과 메뉴**의 부조 옵션을 조절하여 효과를 표현합니다. 불투명도를 60%로 조절한 후레이어마스크를 만들어 위로 갈수록 흐려짐을 표현합니다.

확인사항

❶ 재단선을 고려하여 포토샵에서 새 작업창의 크기를 정할 수 있는가?

❷ 화면설계기획서를 보고 필터 효과를 알아낼 수 있는가??

❸ 레이어마스크를 다룰 수 있는가?

기출문제6회-포토샵-03-포토샵에서 배경작업하기

04 포토샵에서 배경이미지 작업하기 2

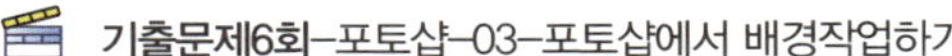

Ps CS6 한글

수험자료 폴더의 '1217_1'를 열어 앞 표지의 왼쪽 상단에 배치하고 **필터>예술화>페인트 바르기 메뉴**를 선택하여 회화적 느낌으로 표현합니다. 튤립 중 하나를 다각 올가미 도구로 선택하여 **이미지>조절>색조/채도 메뉴**로 노랑색 계열로 바꿉니다. 튤립을 하나 더 선택하여 같은 방법으로 파란색 계열의 색조로 변경하고 레이어마스크를 이용하여 아래로 갈수록 흐려지는 효과를 적용합니다. 이미지 '1217_2'를 가져와서 우측 상단에 배치하고 **필터>예술화>포스터 가장자리 메뉴**를 실행합니다. 마찬가지로 아래로 갈수록 흐려지는 표현을 위해 레이어마스크를 사용합니다. 이미지 '1217_3'을 열고 가운데 꽃을 자석 올가미 도구로 선택, 추출합니다. 가져온 이미지를 우측 하단에 배치하고 레이어스타일의 **그림자 효과** 효과를 적용하여 배경이미지 작업을 마무리합니다.

확인사항

❶ 레이어마스크의 그러데이션으로 차츰 흐릿해지는 마스크 표현을 할 수 있는가?

❷ 회화 느낌의 표현하기 위한 필터의 종류를 구분할 수 있는가?

기출문제6회-포토샵-03-포토샵에서 배경작업하기

05 글리프의 문자를 이용한 로고 만들기

Ai CS6 한글

일러스트레이터를 실행하여 저장해 둔 '그리드 파일'을 엽니다. 작업한 '포토샵' 파일을 가져와서 드로잉 작업 시 오브젝트의 위치와 크기를 판단하는 기준으로 삼도록 화면 중앙에 배치합니다. **문자>글리프 메뉴**를 선택하여 글리프 패널을 열고 하트모양을 찾습니다. 하트를 도형화 하고 'LOVE' 글자를 입력하여 하트와 겹치는 'LO' 부분의 크기와 간격을 조절합니다. '러브퀼트' 글자는 손글씨 느낌의 서체이므로 비슷한 서체를 찾아서 사용하되, 없으면 직접 브러시 도구를 사용하여 최대한 비슷하게 표현해야 합니다. 영문 도메인 주소를 하단에 입력하고 마찬가지로 가벼운 느낌의 손글씨 서체를 찾아 지정합니다. 완성된 로고를 책표지의 뒷면 하단과 책등에 크기를 맞추어 배치하고 마무리합니다.

확인사항

❶ 글리프 패널의 문자 아이콘으로 사용하여 간단한 도형을 만들어 낼 수 있는가?

❷ 브러시 도구를 사용하여 손글씨 느낌의 서체를 표현할 수 있는가?

기출문제6회-일러스트-04-러브퀼트로고만들기

06 바느질 느낌의 글자 만들기

지시문의 크기대로 사각형을 만들고 'Quilt' 글자를 입력합니다. 글자 위에 타원을 만들고 글자와 함께 선택하여 **오브젝트>둘러싸기 왜곡>최상위 오브젝트로 만들기 메뉴**를 선택하여 글자의 가운데가 불룩한 형태를 만듭니다. 글자의 획 안쪽으로 바느질의 느낌을 표현하기 위해서 **오브젝트>패스>패스 이동 메뉴**를 사용하여 (−)값을 입력해 '좁아지는 모양확장'을 실행합니다. 새로 생성된 오브젝트의 테두리 부분에만 색을 지정하고 윈도우의 선 패널에서 '점선 사용 옵션'을 체크하여 점선을 표현합니다. 사각형의 상단 부분에 'Handmade Quilt Diary' 글자를 입력하고, 하단에는 '퀼트 소품 만들기' 글자를 입력하여 서체/크기 등을 조절합니다. '◆'와 같은 특수문자는 글리프 패널에서 찾아서 사용하거나 특수문자 입력기능을 사용해도 무방합니다.

확인사항

❶ 둘러싸기 왜곡의 메뉴를 사용하여 형태를 변형하는 방법을 아는가?
❷ 선 패널에서 점선을 표현하고 원하는 간격을 설정할 수 있는가?

기출문제6회−일러스트−05−점선텍스트만들기

07 책등 만들기

원을 만들고 **효과>왜곡과 변형>지그재그 메뉴**를 선택하여 선분별 '이랑'은 8, '매끄럽게' 옵션을 선택하여 톱니 형태를 만듭니다. 톱니 형태 내부에 들어갈 글자를 입력하고 크기/자간을 조절하며 간격을 맞춥니다. 배경이미지의 왼쪽 하단에 크기를 조절하여 배치합니다. 책등의 상단에는 긴 사각형을 만들고 화면설계기획서의 지시문에 따라 그러데이션 색상을 등록하여 적용합니다. 책등의 가운데 부분에 다시 긴 사각형을 만들고 지시문의 색상을 적용한 후 'Handmade Quilt Diary' 글자를 복사하여 각도를 조절하여 배치합니다. '퀼트 소품 만들기' 글자도 복사하여 책등의 중간에 각도를 맞추어 배치합니다.

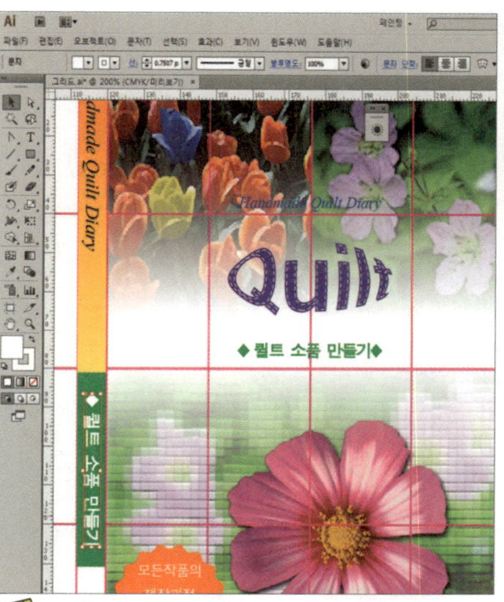

확인사항

❶ 지그재그 메뉴를 사용하여 원하는 형태를 만들 수 있는가?
❷ 화면설계기획서를 참고하여 글자의 크기와 간격 등을 맞출 수 있는가?

기출문제6회−일러스트−06−책등만들기

08 a 꽃문양 만들기

원을 하나 만들고 조금 더 큰 원을 만들어 테두리 선만 표시해둡니다. 원의 중심을 가로지르는 안내선을 가로/세로 설정합니다. 원의 상단에 세로로 긴 타원을 만들고 패스파인더로 모양을 정리해서 반만 남깁니다. 안내선의 교차점을 기준으로 회전복사하여 7개를 더 만듭니다. 크기가 다른 타원을 두 개 만들어 패스파인더로 모양을 정리합니다. 마찬가지로 회전복사해서 7개를 더 만듭니다. 만드는 과정이 복잡하지만 반복되는 작업이라 어렵지는 않습니다. 동영상 강의를 참고해서 제작과정을 확인한 다음 직접 만들어보도록 하세요

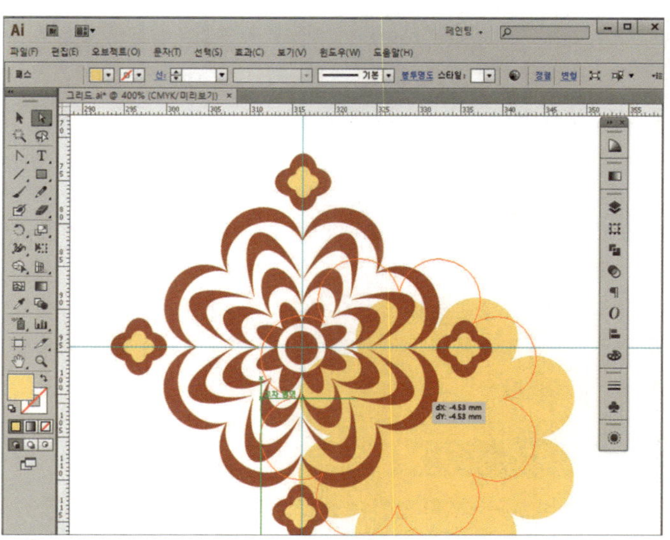

확인사항

❶ 각도를 계산한 다음, 회전복사하여 방사형의 도형을 만들 수 있는가?
❷ 타원을 조합하여 형태를 만들고, 오목과 볼록 메뉴를 사용하여 형태를 다듬을 수 있는가?

기출문제6회−일러스트−07−a문양만들기

09 b 꽃문양 만들기

화면설계기획서의 b문양을 가로/세로로 등분하여 격자를 그리고 일러스트레이터에서도 같은 크기의 격자를 만듭니다. 화면설계기획서를 참고하여 펜 도구로 꽃문양을 드로잉 합니다. 대략 작업이 끝난 오브젝트는 부분적인 수정과정을 통해 세밀하게 형태를 다듬습니다. 격자를 이용해서 드로잉을 하는 방법은 드로잉 포인트를 확인하고 오브젝트의 크기를 가늠하는 기준이 되므로 작업방식이 익숙해지도록 충분히 연습해야 합니다.

확인사항

❶ 화면설계기획서 용지와 일러스트레이터에 같은 크기의 격자를 만들 수 있는가?
❷ 펜 도구를 사용하여 비정형적인 형태의 오브젝트를 드로잉 할 수 있는가?

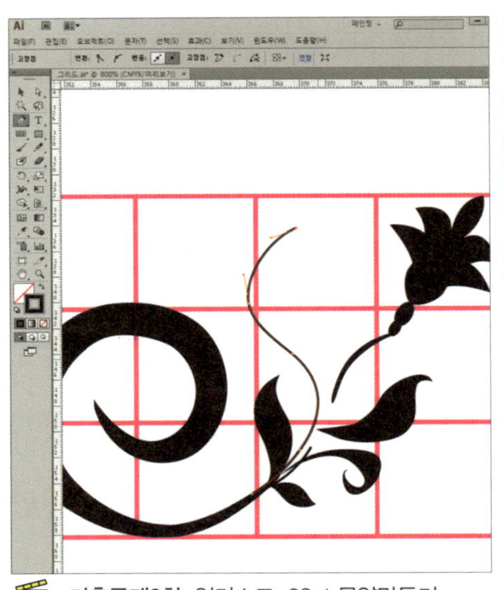
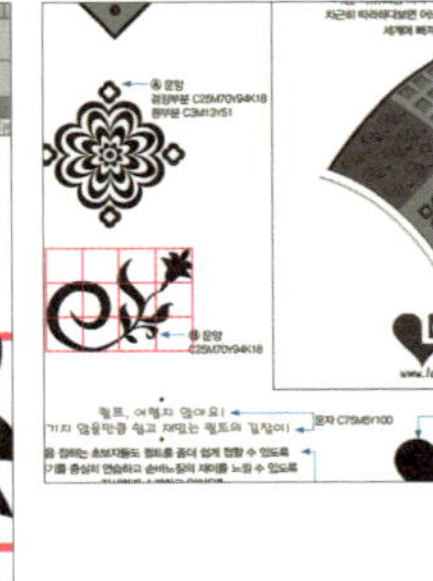

기출문제6회–일러스트–08–b문양만들기

10 퀼트 느낌의 패턴 제작하기

화면설계기획서를 참고하여 배경이미지 위에 적당한 크기의 사각형을 만들고 하나 더 복사하여 축소해 둡니다. '격자로 나누기' 명령으로 가로, 세로 2등분을 하여 분리하고 각 면의 색상을 지정합니다. a 꽃문양의 크기를 조절하고 우측 하단의 사각형 위에 배치합니다. a 꽃문양을 복사하여 좌측 상단의 사각형 위에 두고 축소해서 가로 4개, 세로 4개의 배열을 만듭니다. b 꽃문양을 좌측 하단의 사각형 위에 가져와서 가로, 세로 3개씩 배열합니다. 우측 상단에도 교차 패턴을 만듭니다.

확인사항

❶ 격자 나누기로 오브젝트를 분리하는 방법을 아는가?
❷ 오브젝트의 간격과 방향을 조절하여 배열 상태를 만들 수 있는가?

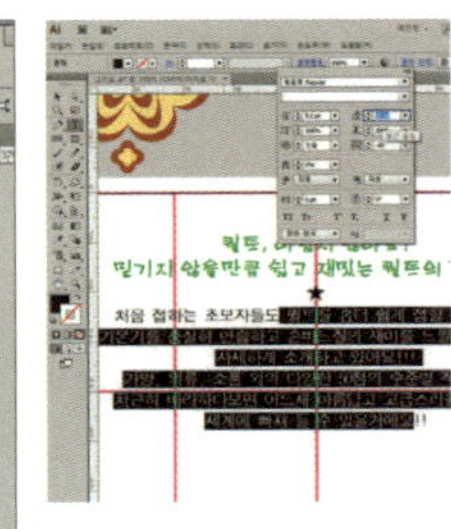

기출문제6회–일러스트–09–문양을 패턴으로 만들기

11 오브젝트를 포토샵으로 복사하기

포토샵 작업창에 일러스트레이터에서 만든 오브젝트를 가져와서 배치해야할 단계입니다. 앞 표지에는 레이어스타일을 각각 적용해야 되므로 오브젝트를 하나씩 따로 가져와야 합니다. 테두리에는 **그림자 효과** 효과를 적용하고, 사각형에는 **내부그림자** 효과를 적용합니다. 패턴 문양에는 **경사와 엠보스**를 설정해서 입체감을 표현합니다. 뒷표지의 글자를 가져와서 배치하고 패턴 오브젝트는 **편집〉변형〉뒤틀기 메뉴**의 명령으로 펄럭이는 형태를 만듭니다. 로고와 책등의 요소들도 가져와 위치와 크기를 조절합니다. 새 레이어를 만들고 앞 표지의 패턴 위에 사각형을 그려 흰색을 채웁니다. 불투명도를 60%로 낮춘 후 'Handmade Quilt Diary', '퀼트 소품 만들기' 글자를 가져와서 배치합니다. 타이틀은 레이어스타일의 **획**을 적용해서 흰색 테두리를 만들고 **그림자 효과**를 줍니다. 점선에는 레이어스타일의 **경사와 엠보스** 스타일 중 '쿠션엠보스'를 선택하여 바느질 효과를 표현합니다. 여러 레이어로 조합된 타이틀 부분은 한꺼번에 가져와서 책등의 중심에 배치합니다.

확인사항

❶ 레이어스타일을 적용할 오브젝트를 분리하여 포토샵으로 가져올 수 있는가?
❷ 레이어스타일로 테두리나 바느질 느낌의 입체감을 표현할 수 있는가?

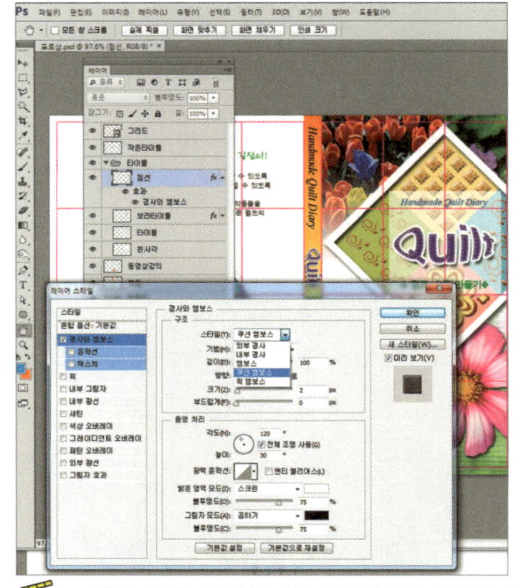

기출문제6회–포토샵–10–포토샵으로 복사하기

12 인디자인에서 마무리하기

Id CS6 한글

인디자인을 실행하여 새 작업창 Ctrl+N 을 열고 'A4 규격'을 선택하고 방향을 가로을 선택한 다음 여백을 모두 0mm로 지정합니다. 사각프레임 도구로 화면 가운데를 클릭하여 가로 폭×세로 폭(238×166mm)의 수치를 입력합니다. **파일〉가져오기 메뉴**로 저장해 둔 JPEG 파일을 가져옵니다. 다시 한 번 사각프레임 도구를 선택하여 가로 폭×세로 폭(232×160mm)의 수치를 입력한 후 두 사각형을 모두 선택하여 정렬 패널의 맞춤대상을 '페이지에 정렬'을 선택한 다음 수평, 수직 모두 '가운데 정렬'로 페이지 가운데에 배치합니다. '작품 외곽선을 표현하라'는 지시문대로 안쪽의 사각형에 테두리 '1pt'를 지정합니다.

확인사항

❶ 인디자인에서 신규 파일의 크기와 여백의 수치를 지정할 수 있는가?
❷ 원하는 크기의 프레임을 생성하고, 프레임에 이미지를 불러올 수 있는가?
❸ 정렬 패널을 사용하여 여러 오브젝트를 페이지의 가운데에 정렬시킬 수 있는가?

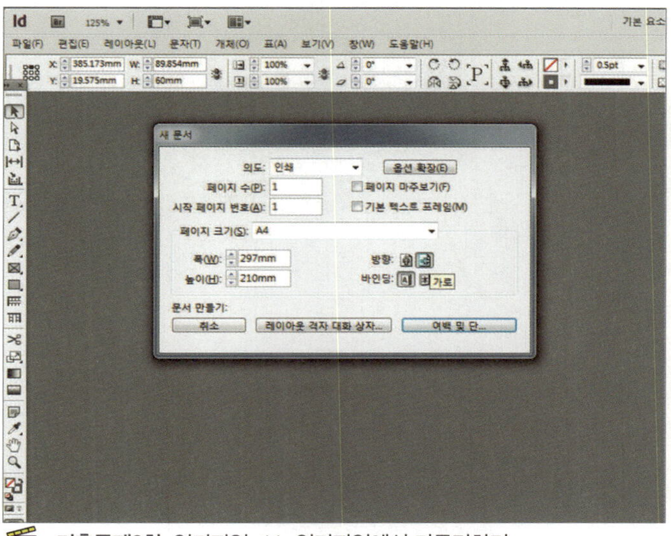

기출문제6회–인디자인–11–인디자인에서 마무리하기

13 재단선 만들기

Id CS6 한글

안쪽 사각형의 왼쪽 상단 모서리를 원점으로 설정하고, 사각형의 네 모서리 바깥으로 길이 7mm, 두께 0.5pt의 재단선을 만듭니다. 재단선 작업을 할 때에는 안내선을 설정해두고 작업하는 것이 정확하며, 매번 선을 긋지 말고 가로/세로 재단선 한 세트를 복사해서 각 모서리에 배치하는 것이 빠릅니다. 좌측 하단에 프레임 상자를 만들고 '10pt 고딕' 계열의 서체로 비번호를 입력합니다.

확인사항

❶ 좌표의 원점을 원하는 위치로 이동할 수 있는가?
❷ 단계 및 반복 메뉴의 수치를 지정하여 오브젝트 복제명령을 수행할 수 있는가?

기출문제6회–인디자인–11–인디자인에서 마무리하기

14 저장하고 프린트하기

Id CS6 한글

인디자인에서의 작업이 완료되면 비번호를 파일명으로 지정하고 Save Ctrl+S 합니다. 감독관의 지시에 따라 인디자인 파일과 JPEG 파일이 저장된 폴더를 제출하고 프린터가 연결된 컴퓨터에서 인디자인 파일을 열어 A4 용지에 100% 크기로 프린트를 실행합니다. 프린트된 용지를 시험장에서 제공하는 A3 켄트지에 붙여서 제출합니다. 보통 감독관이 프린트 등의 제출과정을 대신 하지만 여러분이 직접 해야 할 수도 있으므로, 반드시 인디자인에서 프린트를 하는 연습을 해두어야 합니다.

확인사항

❶ 제출폴더의 용량이 3MB를 초과하지는 않았는가?
❷ 파일〉인쇄 메뉴를 사용하여 프린트를 할 수 있는가?

기출문제6회–인디자인–11–인디자인에서 마무리하기

컴퓨터그래픽스운용기능사 | 작품명 | 포스터디자인

01 화면설계기획서와 수험자료 검토하기

http://graphics.yoondle.com 동영상 강의 사이트에서 수험자료를 다운받고 압축을 풀어보면 '수험자료', '작업중', '결과물' 3개의 폴더가 있습니다. 시험장에는 수험생이 배정받은 PC의 바탕화면 등에 수험자료가 복사되어 있습니다. 작업 과정에 사용할 이미지 파일이 모두 있는지 화면설계기획서와 비교하여 확인합니다. D나 E 드라이브에 작업용 폴더를 만들고, 수험자료 폴더도 복사합니다. 시험장에서는 재부팅 시 C 드라이브를 초기화하는 프로그램이 설치된 경우가 많습니다. 바탕화면이나 내 문서 등도 C 드라이브 영역이니 가능하면 다른 드라이브에서 작업하는 것이 바람직합니다.

확인사항

❶ 화면설계기획서와 수험자료를 충분히 검토하였는가?

❷ 작업순서를 예측하여 설계하고 시간을 분배하는 계획을 세웠는가?

❸ 수험자료 폴더와 작업용 폴더는 만일을 대비하여 D 드라이브에 생성하였는가?

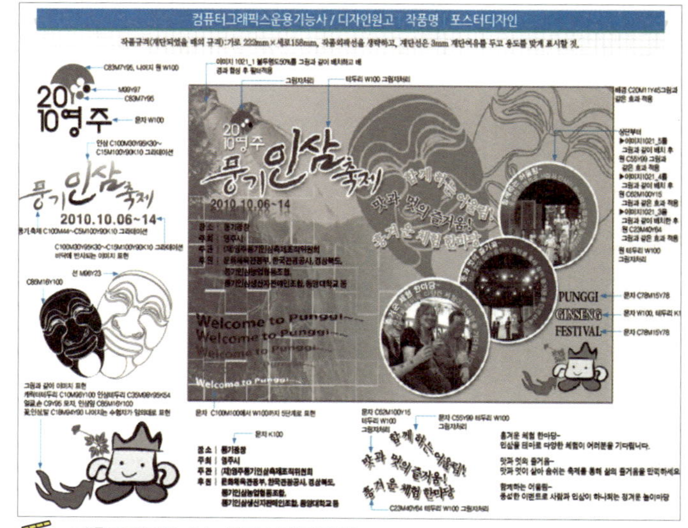

기출문제7회-01-화면설계기획서

02 작업기준 용도의 격자 만들기

Ai CS6 한글

화면설계기획서에 직접 30cm 자와 필기구로 가로/세로 4등분씩 격자를 그립니다. 일러스트레이터를 실행하여 새 작업창 Ctrl+N 을 열고 화면설계기획서의 작품규격대로 가로 폭×세로 폭(222×158mm)을 설정하여 작업 파일을 생성합니다. 사각형격자 도구를 선택하고 화면을 클릭하여 가로/세로 폭을 작품규격대로 설정하고 3줄씩 분할자를 주어 4등분 된 격자를 만듭니다. 선 도구를 선택하여 각 격자의 모서리를 연결하는 사선을 긋습니다. D 드라이브의 작업용 폴더에 save Ctrl+S 합니다.

확인사항

❶ 30cm 자를 이용해서 화면설계기획서에 4등분 격자를 표시할 수 있는가?

❷ 일러스트레이터에서 지시문의 규격에 따라 새로운 작업창을 만들 수 있는가?

❸ 일러스트레이터에서 화면설계기획서와 같은 4등분 격자를 표시할 수 있는가?

❹ 작업용 폴더를 만들고 파일을 저장하였는가?

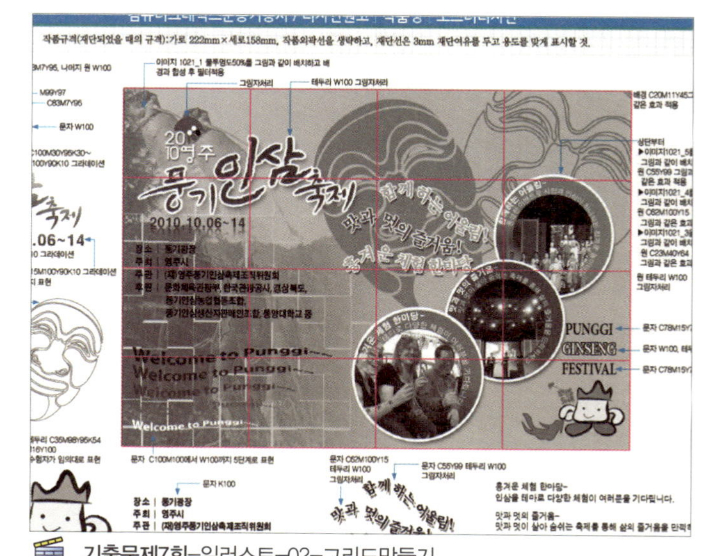

기출문제7회-일러스트-02-그리드만들기

03 포토샵 작업 파일 세팅하기 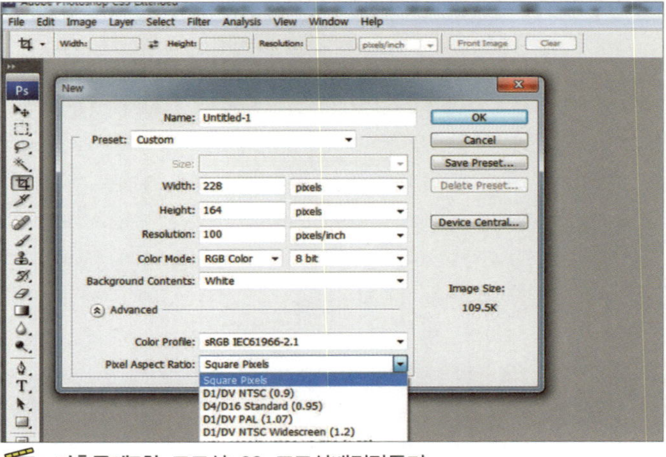 Ps CS3 영문

포토샵을 실행하여 새 작업창 Ctrl+N 을 열고 재단선영역을 고려하여 지시문의 규격보다 **6mm씩 더한 가로 폭×세로 폭(228×164mm)의 크기**로 설정합니다. 해상도는 100으로 정하여 제출제한용량 3MB를 넘지 않도록 합니다. 일러스트레이터에서 만든 격자를 Copy Ctrl+C 하여 포토샵의 작업창에 Paste Ctrl+N 합니다. 포토샵 파일도 작업용 폴더에 Save Ctrl+S 합니다.

확인사항

❶ 재단선을 고려하여 포토샵에서 새 작업창을 만들 수 있는가?
❷ 일러스트레이터의 오브젝트를 포토샵으로 복사하여 가져올 수 있는가?

기출문제7회-포토샵-03-포토샵배경만들기

04 배경 이미지 합성하기 Ps CS3 영문

수험자료 폴더의 '1021_1'을 복사하여 작업창에 붙이고 화면 왼쪽에 배치합니다. 마스크레이어를 사용하여 이미지가 오른쪽으로 갈수록 서서히 사라지도록 표현합니다. 이미지 '1021_2'의 인삼 부분을 Magic Wand Tool로 배경에서 추출하고 왼쪽 배경 이미지 위에 배치합니다. 인삼 이미지를 하나 더 복사하여 위치를 잡고 두 레이어를 하나로 합친 다음 레이어마스크로 아래로 갈수록 흐릿해지도록 표현합니다. 인삼밭 이미지의 아래쪽 3분의 2 정도를 선택하고 <u>Filter〉Stylize〉Tiles 메뉴</u>를 적용하여 타일 효과를 줍니다. 새 레이어를 만들고 지시문대로 C20M11Y45의 색상을 채웁니다. 새 레이어를 생성하고 아무 색이나 채운 다음 <u>Filter〉Noise〉Add Noise 메뉴</u>를 실행하여 불규칙한 노이즈를 만듭니다. 다시 <u>Filter〉Blur〉Motion Blur 메뉴</u>를 적용하여 스크래치 느낌을 표현합니다. 배경 레이어 아래로 이동하고 배경 레이어의 블랜딩모드를 'Overlay'로 변경하여 스크래치 라인과 합성합니다.

기출문제7회-포토샵-03-포토샵배경만들기

확인사항

❶ Magic Wand 도구의 허용치를 조절하여 이미지를 추출할 수 있는가?
❷ 여러 레이어를 하나의 레이어로 병합할 수 있는가?
❸ 화면설계기획서를 판독하여 직관적으로 필터 효과를 확인할 수 있는가?
❹ 블랜딩 모드로 레이어의 합성 효과를 표현할 수 있는가?

05 원 도형에 사진 넣고 흐르는 문자 입력하기 Ps CS3 영문

이미지 '1021_3~5'를 복사하여 순서대로 적당한 위치해 배치하고 이미지의 아래쪽에 새 레이어를 만듭니다. 원을 만들고, 이미지와 원 레이어 사이에 Clipping Mask를 적용하여 원 안으로 이미지가 보이도록 합니다. 원 레이어에는 Layer style의 **Stroke**와 **Drop Shadow**를 적용합니다. 원의 테두리로 사용할 새 레이어를 만들고 원을 만든 후, 마스크를 적용하여 좌측 하단 방향으로 점차 사라지도록 그러데이션을 적용합니다. Pen Tool로 문자를 입력할 Path를 만들고 Path 위에 글자를 입력합니다. 레이어를 하나 더 복사하고 문자 패널의 'Set the baseline shift' 옵션의 수치를 올려 두 줄의 글자를 만듭니다. 완성된 원형 이미지와 문자 레이어를 모두 선택하고 **New Group from Layers** 명령으로 하나의 그룹으로 정리합니다. 그룹을 복사하여 내부의 이미지들을 교체하고 크기와 위치를 수정합니다. 글 내용과 색상을 수정하고 전체 크기를 조절한 다음 위치를 확인하여 배치합니다. 나머지도 같은 요령으로 그룹 전체를 복사하여 수정하여 완성합니다.

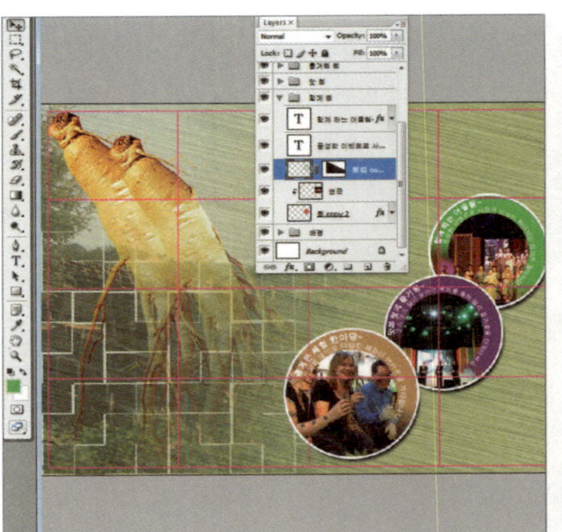

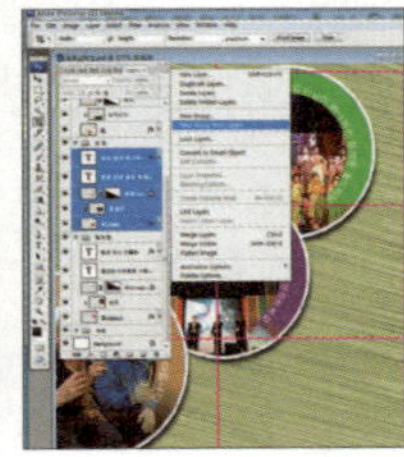

기출문제7회-포토샵-04-포토샵으로 원형에 사진넣기

확인사항

❶ Clipping Mask를 사용하여 이미지의 특정 부분을 가릴 수 있는가?
❷ 포토샵에서 Type on a Path Tool로 패스 위에 흐르는 글자를 입력하고, Set the baseline shift 명령으로 글자의 상하 위치를 조절하는 방법을 알고 있는가?
❸ 여러 레이어를 하나의 그룹으로 묶어서 정리하고, 그룹을 복사하여 적절하게 수정하는 방법으로 반복과정을 단순화하여 작업이 가능한가?

06 영주시 로고 만들기

일러스트레이터를 실행하여 저장해 둔 '그리드 파일'을 엽니다. 작업한 '포토샵' 파일을 가져와서 일러스트레이터에서 오브젝트 제작 시 위치와 크기의 기준으로 삼을 수 있도록 중앙에 위치를 잡습니다. 같은 크기의 원을 세 개 만들어 교차, 배치하여 Pathfinder의 **Divide** 명령으로 단풍 형태를 만듭니다. 우측 하단에 작은 원을 네 개 만들어 배치하고 지시문대로 색상을 지정합니다. '2010' 글자를 두 줄로 입력하고 비슷한 서체를 찾아 지정한 다음, 문자를 도형화 하고 수정하여 최대한 비슷한 모양으로 만듭니다. '영주' 글자와 같이 글자의 형태가 단순한 경우에는 기본 도형을 적절히 조합하여 유사한 형태로 표현하도록 합니다.

확인사항

❶ 기본 도형의 조합으로 로고와 문자를 만들 수 있는가?

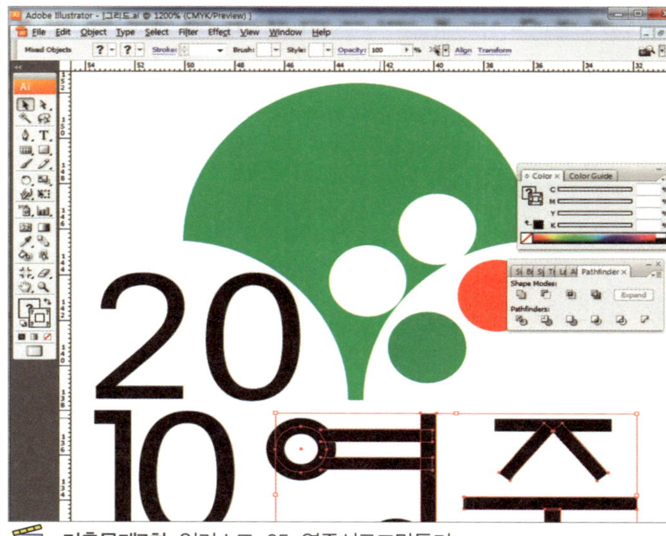

기출문제7회–일러스트–05–영주시로고만들기

07 브러시를 이용한 붓글씨 쓰기

'풍기인삼축제' 글자는 Brush 패널의 'Open Brush Library'의 'Charcoal-smooth' Brush를 선택하고, Brush Tool로 한 획씩 드로잉 하여 문자 형태를 완성합니다. 완성된 브러시 선에 **Object〉Expand Appearance 메뉴**를 실행하여 도형화하고 지시문대로 그러데이션을 적용합니다. 모양 확장 시 생성되는 불필요한 면은 그룹을 해제하여 삭제하고, 연결된 모음과 자음을 정리한 후 색상을 적용합니다.

확인사항

❶ 브러시 패널의 라이브러리를 이용하여 붓글씨 느낌의 글자를 드로잉 할 수 있는가?
❷ 브러시 도구를 사용하여 캘리그라프(붓글씨) 느낌의 글자를 제작하는 과정을 이해하는가?

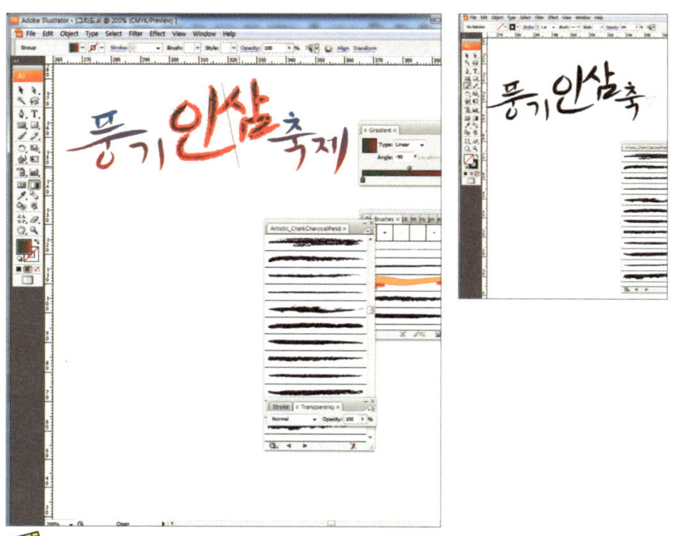

기출문제7회–일러스트–06–타이틀 브러시로 만들기

08 Blend 텍스트 만들기

타이틀 하단에 축제 일정 내용을 입력하고 문자의 크기와 줄 간격을 조절합니다. 일정 내용 하단에 'Welcome to Punggi~~' 글자를 입력하고 **Object〉Envelope Distort〉Make with Warp 메뉴**의 다양한 스타일 중 'Flag'를 선택해 펄럭이는 글자를 만듭니다. 지시문과 같이 앞부분은 넓고 뒤로 갈수록 좁아지는 형태를 만들기 위해서는 Distortion의 수치를 적절히 조절해야 합니다. 우측 하단에 'Welcome to Punggi~~' 글자를 축소/복사하고 글자를 흰색으로 변경한 다음 Blend Tool을 사용하여 두 글자 사이에 5단계의 Blend가 생기도록 합니다. Warp가 적용된 형태에 Blend를 적용하기 위해서는 **Expand** 명령을 실행하여 모양을 '확장'하는 과정을 거쳐야만 하니 주의하세요.

확인사항

❶ Warp 메뉴의 형태와 수치를 조절해서 원하는 형태로 글자를 변형할 수 있는가?
❷ Blend 도구의 옵션을 사용하여 Blend 단계를 설정할 수 있는가?

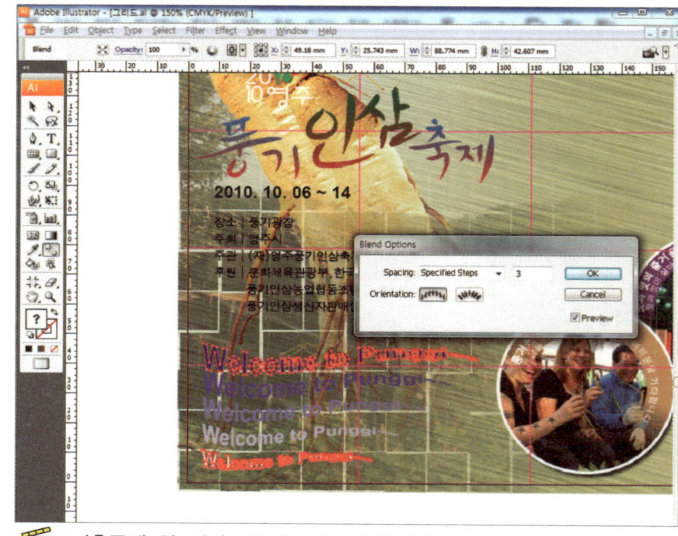

기출문제7회–일러스트–07–텍스트 정리하기

09 하회탈 만들기

화면설계기획서의 하회탈 이미지에 가로/세로 4등분씩 나누어 격자를 표시하고 일러스트레이터에서도 같은 크기의 격자를 만듭니다. 대칭형태이므로 Pen Tool 을 사용하여 한쪽 면을 먼저 만들고, Reflect Tool을 사용하여 반사 복제합니다. 세부적인 디테일도 한쪽 면만 격자를 기준 삼아 위치를 가늠하며 드로잉 합니다. 작업 시 색상이 들어갈 면 부분을 예측하여 도형을 완성하도록 하고, 완성된 한쪽 면을 반사 복제하여 대칭면을 완성하도록 합니다. 좌, 우측의 면을 Pathfinder 의 **Add to shape area** 명령으로 합쳐서 형태를 정리합니다. 턱 부분에 원을 그 려 넣고 하회탈 드로잉 작업을 마무리합니다.

확인사항

❶ 화면설계기획서와 일러스트레이터에 같은 크기의 격자를 만들 수 있는가?

❷ Reflect 명령을 사용하여 대칭형태의 오브젝트를 복제하여 하나의 완성된 오브젝트로 만들 수 있는가?

🎬 기출문제7회–일러스트–08–하회탈만들기

10 캐릭터 만들기

화면설계기획서의 풍기인삼 캐릭터에 격자를 그리고 일러스트레이터에도 격자 를 만들어 둡니다. 'Charcoal–Smooth' Brush를 사용하여 형태를 드로잉 하는 데, 브러시가 불편하면 Pen Tool로 우선 가장자리 위주로 드로잉 하고 브러시 는 일부만 사용하여 작업을 진행해도 무관합니다. 형태가 완성되면 좌측 손 윗 부분에 Pen Tool로 인삼 꽃의 줄기를 그리고 여러 개의 원을 포개어서 인삼 꽃 을 표현합니다. 세 개의 타원으로 하나의 잎사귀를 표현하고, 하단의 인삼 몸통 은 Pen Tool로 드로잉 합니다. 지시문대로 캐릭터에 색상을 지정하고 눈과 입을 그려 넣어 마무리합니다.

확인사항

❶ 브러시 도구로 자유롭게 형태를 드로잉 할 수 있는가?

❷ 브러시 도구의 옵션 설정과 브러시 패널의 사용법을 이해하는가?

🎬 기출문제7회–일러스트–09–풍기인삼캐릭터만들기

11 포토샵으로 오브젝트 가져오기

하회탈을 Copy `Ctrl`+`C` 해서 포토샵 작업창에 Paste `Ctrl`+`V` 하여 화면 상단에 배치하고 각도를 조절합니다. 하회탈을 하나 더 복사하여 Layer 패널의 Fill을 0%로 낮춰 투명하게 만들고, 레이어스타일의 **Stroke**의 설정을 조절하여 하회탈 의 윤곽선만 보이도록 표현합니다. 윤곽만 표현한 하회탈 레이어를 원형 레이어 아래로 옮겨서 원형의 사진이 가려지지 않도록 위치를 조절합니다. 영주시 로고 는 **Drop Shadow**를 적용하고 타이틀은 레이어스타일의 **Stroke**와 **Drop Shadow** 를 적용합니다. 일정 날짜 부분에 그러데이션을 적용하고, 레이어를 복사하여 **Edit〉Transform〉Flip Vertical 메뉴**로 뒤집습니다. 마스크를 사용하여 서서히 사라지게 표현합니다. 나머지 글자와 캐릭터도 위치에 주의하여 배치합니다. 화 면 가운데 '문자 함께하는 어울림' 글자를 입력하고 **Stroke**로 글자의 두께를 조 절하고 **Outer Glow**를 사용하여 글자의 테두리를 표현합니다. 레이어를 복사하 여 글자 내용을 수정하고 위치와 색상을 변경하여 흐르는 문자를 두 개 더 만듭 니다. 인삼 캐릭터의 윗부분에 'PUNNGI GINSENG FESTIVAL' 글자를 세 줄로 입력하고, 지시문대로 색상을 적용합니다.

확인사항

❶ 레이어패널의 Fill과 Opacity의 개념을 구분할 수 있는가?

❷ 다양한 레이어스타일을 사용하여 원하는 효과를 얻어낼 수 있는가?

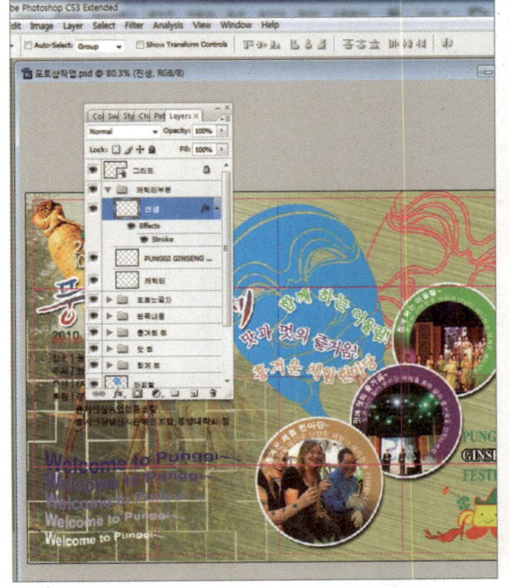

🎬 기출문제7회–포토샵–10–포토샵에서 정리하기

12 작업결과 저장하기

작업이 끝났으므로 포토샵 작업 파일을 마지막으로 Save Ctrl+S 하고, 다시 **파일 >다른이름으로 저장 메뉴**를 선택하여 파일명은 비번호로 입력하고 **JPEG 형식**을 선택합니다. 옵션에서 품질을 '최고'로 설정하여 승인합니다. **반드시 jpg 파일로 저장하는 단계 이전에는 격자 레이어를 보이지 않게 해야 합니다.**

확인사항

❶ 인디자인으로 가져가기 위한 이미지 저장 방식을 알고 있는가?

❷ 시험감독관이 정해주는 위치에 폴더를 생성하고 파일을 저장할 수 있는가?

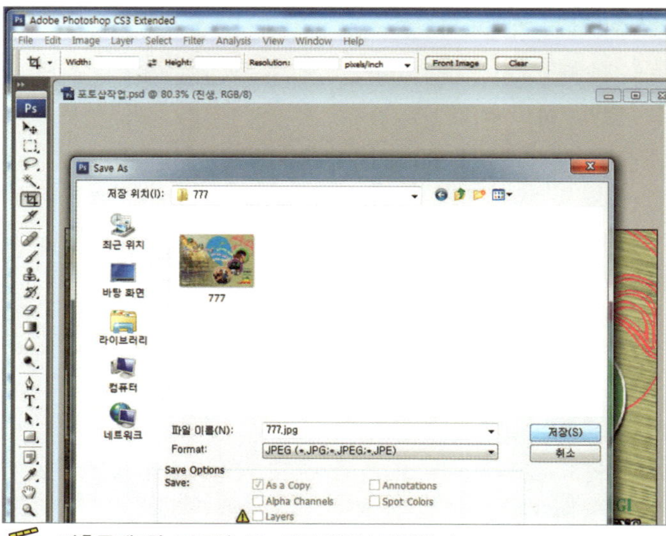

기출문제7회-포토샵-10-포토샵에서 정리하기

13 인디자인에서 마무리하기

인디자인을 실행하여 새 작업창 Ctrl+N 을 열고 'A4' 규격을 선택하고, 문서의 Orientation을 'Landscape'로 설정한 다음 Margin을 모두 0mm로 지정합니다. Rectangle Tool로 화면 가운데를 클릭하고 가로 폭×세로 폭(228×164mm)의 수치를 입력합니다. **File>Place 메뉴**로 저장해 둔 JPEG 파일을 가져옵니다. 다시 한 번 Rectangle Tool을 선택하여 가로 폭×세로 폭(222×158mm)의 수치를 입력한 후 두 사각형을 모두 선택하여 Align 패널의 맞춤대상을 'Align to Page'를 선택한 다음 수평, 수직을 모두 가운데로 설정하여 페이지 가운데에 배치합니다. '작품 외곽선을 생략하라'는 지시문대로 모든 사각형의 테두리를 'None'로 설정합니다.

확인사항

❶ 인디자인에서 신규 파일의 크기를 설정하고 여백의 수치를 입력할 수 있는가?

❷ 원하는 크기의 프레임을 생성하고, 프레임에 이미지를 불러올 수 있는가?

❸ 정렬 패널을 사용하여 여러 오브젝트를 페이지의 가운데에 정렬시킬 수 있는가?

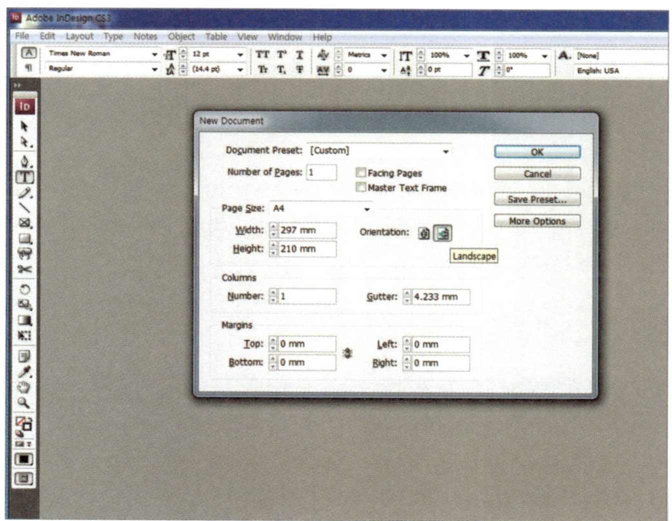

기출문제7회-인디자인-11-인디자인에서 재단선만들기

14 재단선 만들기

안쪽 사각형의 왼쪽 상단 모서리를 원점으로 설정하고, 사각형의 네 모서리 바깥으로 길이 7mm, 두께 0.5pt의 재단선을 만듭니다. 재단선 작업을 할 때에는 안내선을 설정해두고 작업하는 것이 정확하며, 매번 선을 긋지 말고 가로/세로 재단선 한 세트를 복사해서 각 모서리에 배치하는 것이 빠릅니다. 좌측 하단에 프레임 상자를 만들고 '10pt 고딕' 계열의 서체로 비번호를 입력합니다. 인디자인에서의 작업이 완료되면 비번호를 파일명으로 지정하고 Save Ctrl+S 합니다. 감독관의 지시에 따라 인디자인 파일과 JPEG 파일이 저장된 폴더를 제출하고 프린터가 연결된 컴퓨터에서 인디자인 파일을 열어 A4 용지에 100% 크기로 프린트를 실행합니다. 프린트된 용지를 시험장에서 제공하는 A3 켄트지에 붙여서 제출합니다. 보통 감독관이 프린트 등의 제출과정을 대신 하지만 여러분이 직접 해야 할 수도 있으므로, 반드시 인디자인에서 프린트를 하는 연습을 해 두어야 합니다.

확인사항

❶ 좌표의 원점을 원하는 위치로 이동할 수 있는가?

❷ 단계 및 반복 메뉴의 수치를 지정하여 오브젝트 복제명령을 수행할 수 있는가?

❸ 지정된 폴더에 인디자인 파일을 저장하는 방법을 아는가?

❹ File>Print 메뉴를 사용하여 프린트를 할 수 있는가?

기출문제7회-인디자인-11-인디자인에서 재단선만들기

컴퓨터그래픽스운용기능사 | 작품명 | 포스터디자인

01 화면설계기획서와 수험자료 검토하기

http://graphics.yoondle.com 동영상 강의 사이트에서 수험자료를 다운받고 압축을 풀어보면 '수험자료', '작업중', '결과물' 3개의 폴더가 있습니다. 시험장에는 수험생이 배정받은 PC의 바탕화면 등에 수험자료가 복사되어 있습니다. 작업 과정에 사용할 이미지 파일이 모두 있는지 화면설계기획서와 비교하여 확인합니다. D나 E 드라이브에 작업용 폴더를 만들고, 수험자료 폴더도 복사합니다. 시험장에서는 재부팅 시 C 드라이브를 초기화하는 프로그램이 설치된 경우가 많습니다. 바탕화면이나 내 문서 등도 C 드라이브 영역이니 가능하면 다른 드라이브에서 작업하는 것이 바람직합니다.

확인사항

❶ 화면설계기획서와 수험자료를 충분히 검토하였는가?
❷ 작업순서를 예측하여 설계하고 시간을 분배하는 계획을 세웠는가?
❸ 수험자료 폴더와 작업용 폴더는 만일을 대비하여 D 드라이브에 생성하였는가?

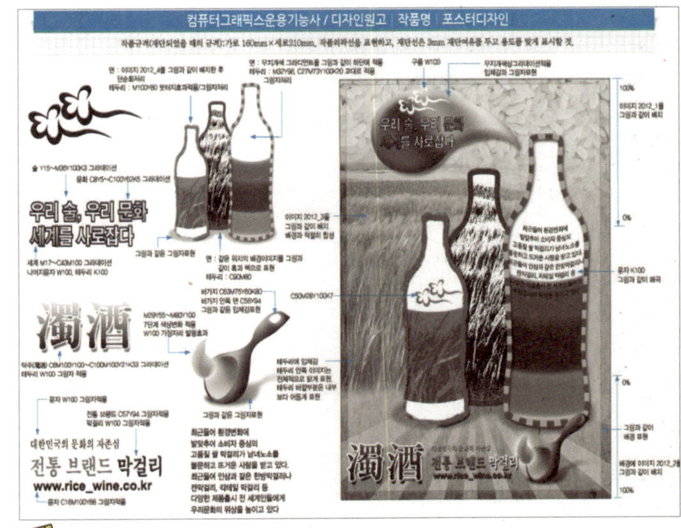

기출문제8회-01-화면설계기획서

02 작업기준 용도의 격자 만들기

Ai CS6 한글

화면설계기획서에 직접 30cm 자와 필기구로 가로/세로 4등분씩 격자를 그립니다. 일러스트레이터를 실행하여 새 작업창(Ctrl+N)을 열고 화면설계기획서의 작품규격대로 가로 폭×세로 폭(160×210mm)을 설정하여 작업 파일을 생성합니다. 사각형격자 도구를 선택하고 화면을 클릭하여 가로/세로 폭을 작품규격대로 설정하고 3줄씩 분할자를 주어 4등분 된 격자를 만듭니다. 선 도구를 선택하여 각 격자의 모서리를 연결하는 사선을 긋습니다. D 드라이브의 작업용 폴더에 save(Ctrl+S) 합니다.

확인사항

❶ 30cm 자를 이용해서 화면설계기획서에 4등분 격자를 표시할 수 있는가?
❷ 일러스트레이터에서 지시문의 규격에 따라 새로운 작업창을 만들 수 있는가?
❸ 일러스트레이터에서 화면설계기획서와 같은 4등분 격자를 표시할 수 있는가?
❹ 작업용 폴더를 만들고 파일을 저장하였는가?

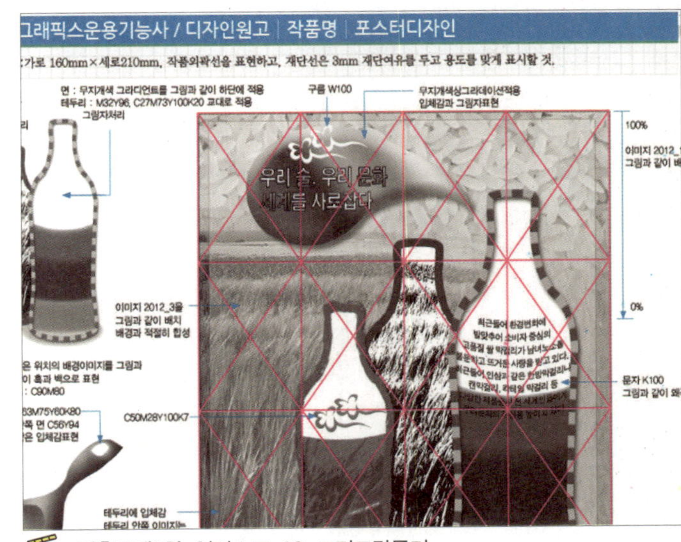

기출문제8회-일러스트-02-그리드만들기

03 포토샵 작업파일 세팅하기

포토샵을 실행하여 새 작업창 Ctrl+N 을 열고 재단선영역을 고려하여 지시문의
규격보다 **6mm씩 더한 가로 폭×세로 폭(166×216mm)의 크기**로 설정합니다.
해상도는 100으로 정하여 제출제한용량 3MB를 넘지 않도록 합니다. 일러스트
레이터에서 만든 격자를 Copy Ctrl+C 하여 포토샵의 작업창에 Paste Ctrl+N 합
니다. 포토샵 파일도 작업용 폴더에 Save Ctrl+S 합니다

확인사항

❶ 재단선을 고려하여 포토샵에서 새 작업창의 크기를 정할 수 있는가?
❷ 일러스트 작업 이미지를 복사하여 가져올 수 있는가?

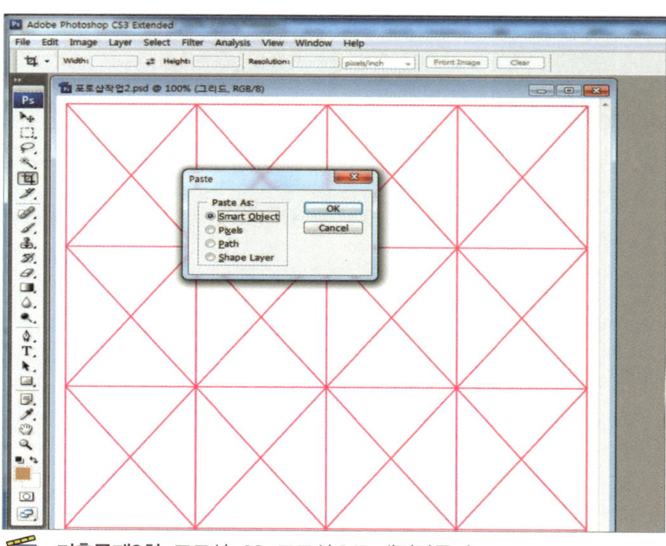

기출문제8회–포토샵–03–포토샵으로 배경만들기

04 배경이미지 제작하기

수험자료 폴더의 '2012_2'를 가져와서 작업창 화면 전체를 채우도록 크기를
조절하여 배치합니다. 이미지 '2012_1'을 화면 상단에 배치하고 Layer Mask
에 그러데이션을 사용하여 아래로 갈수록 사라지는 느낌을 표현합니다. 이미지
'2012_3'을 가져와서 하단에 배치한 다음 가운데 부분은 남기고 상하 부분이 번
지면서 사라지도록 표현합니다. 새 레이어를 만들고 세로로 긴 검은색 사각형을
16개 만들고 <u>Filter〉Distort〉Polar Coordinates 메뉴</u>로 방사형태로 만듭니다. 상
단 영역은 삭제하고 나머지 하단 부분만 작업창 하단에 축소하여 배치합니다. 블
랜딩 모드를 'Overlay'로 설정하여 배경이미지와 합성합니다. 제일 위에 새 레
이어를 만들고 가장자리에서 조금 안쪽으로 사각형을 만듭니다. 안쪽 이미지를
밝게 표현하기 위해 흰색을 채우고, 레이어의 Opacity를 12%로 낮춰 반투명하
게 만듭니다. 선택 영역을 반전시켜 바깥 부분을 선택하고 Curves Layer를 이용
해 어둡게 만듭니다. 다시 흰색 사각 레이어를 선택하여 Layer Style의 **Bevel &
Emboss**를 사용하여 입체적인 느낌을 표현합니다.

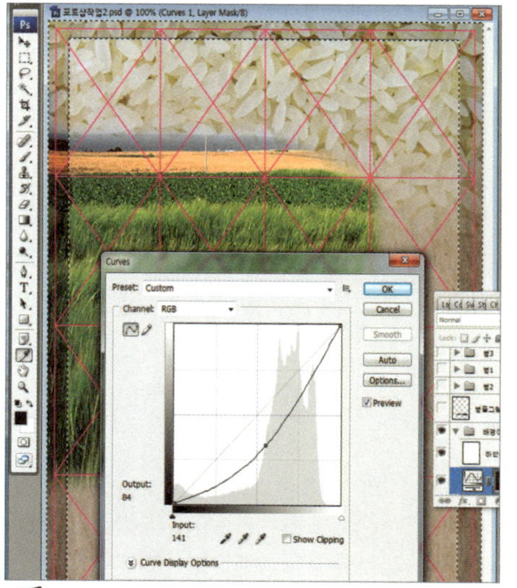
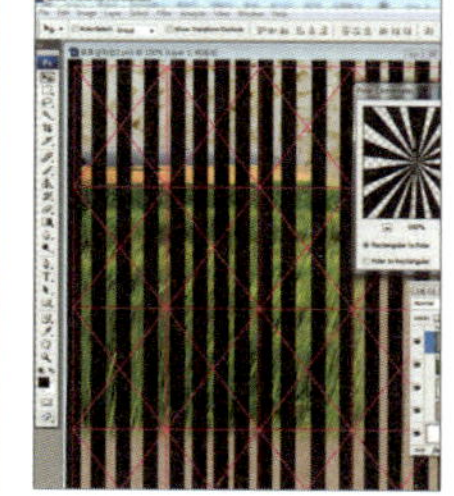

확인사항

❶ Polar Coordinates 필터를 사용하기에 알맞은 형태의 이미지를 준비할 수 있는가?
❷ 한 레이어에서 이미지의 일부분의 명암을 조절하는 방법을 이해하는가?

기출문제8회–포토샵–03–포토샵으로 배경만들기

05 막걸리병 만들기

일러스트레이터를 실행하여 저장해 둔 '그리드 파일'을 엽니다. 작업한 '포토샵'
파일을 가져와서 드로잉 작업 시 위치와 크기의 기준이 되도록 화면 가운데에 배
치합니다. 격자를 기준으로 삼아 화면 우측에 막걸리병 형태를 Pen Tool로 드
로잉 합니다. 좌우로 대칭되는 모양이기 때문에 한쪽 면만 우선 만들고 맞은 편
은 Reflect Tool로 복사하고 두 오브젝트를 합쳐서 하나의 오브젝트로 정리합니
다. Stroke 패널에서 테두리의 두께와 Dash Line의 Dash 수치를 조절하여 점선
테두리를 표현합니다. 복사해 두었던 병을 하나 더 축소/복사하여 점선을 없애
고 테두리의 색상을 수정해서 배치합니다. 제일 작은 크기의 병은 크기를 줄이고
'Charcoal Brush'로 붓 터치 느낌을 살려 가장자리를 표현합니다.

확인사항

❶ Stroke 패널의 옵션을 조절하여 점선을 표현하는 방법을 아는가?
❷ Brush Library에서 브러시의 종류를 구분하여 선에 적용할 수 있는가?

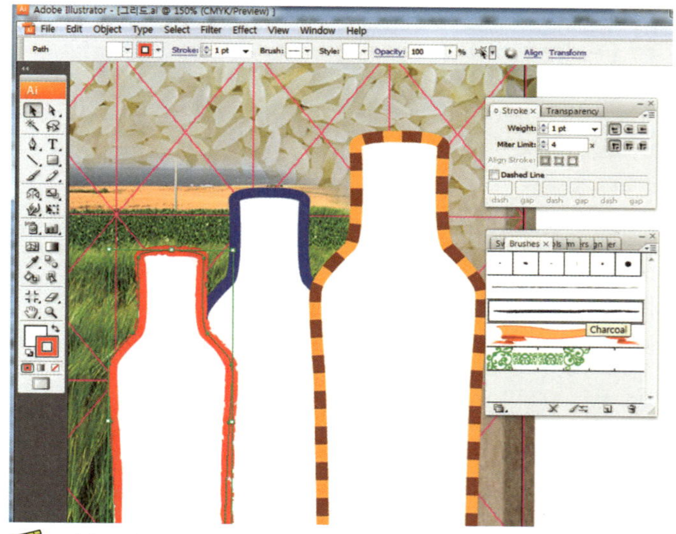

기출문제8회–일러스트–04–막걸리병만들기

06 구름 만들기

서로 다른 크기의 타원을 네 개 만들고 조금씩 각도를 조절하여 구름 형태를 만듭니다. 각각 안쪽으로 축소/복사하고 Pathfinder의 **Divide** 명령으로 필요 없는 안쪽 면을 삭제합니다. 우측 끝 부분에 Pen Tool로 곡선을 드로잉 합니다. 완성된 문양을 하나 더 복사하여 우측 상단에 배치하고 마무리합니다.

확인사항

❶ 기본 도형을 조합하여 원하는 형태를 만들 수 있는가?
❷ Pathfinder 패널을 이용하여 여러 도형을 정리하고 하나의 오브젝트로 만들 수 있는가?

기출문제8회–일러스트–05–전통구름만들기

07 다양한 문자효과 적용하기

'우리 술, 우리 문화 세계를 사로잡다.' 글자를 입력하고 테두리의 수치를 높여 두꺼운 글자로 만듭니다. 글자를 도형화한 다음 **Expand**로 모양을 확장하고, 지시문에 따라 검은색 테두리를 만든 후 술, 문화, 세계 글자의 면에만 그러데이션으로 색상을 표현합니다. 같은 요령으로 '탁주(濁酒)' 글자도 작업합니다. 마지막으로 오른쪽 막걸리병 안에 글자를 입력하고 Align Center를 설정하여 글자가 가운데 정렬되도록 합니다. <u>Object〉Envelope Distot〉Make with Warp 메뉴</u>를 실행하여 Style을 'Arch'로 지정하고 Bend의 수치를 (−)로 조절하면서 아래로 휘는 형태를 만듭니다.

확인사항

❶ 획이 두꺼운 글자를 만드는 과정을 이해하고 작업할 수 있는가?
❷ 일러스트레이터나 포토샵에서 한자를 입력할 수 있는가?
❸ Warp 메뉴로 왜곡 효과를 표현할 수 있는가?

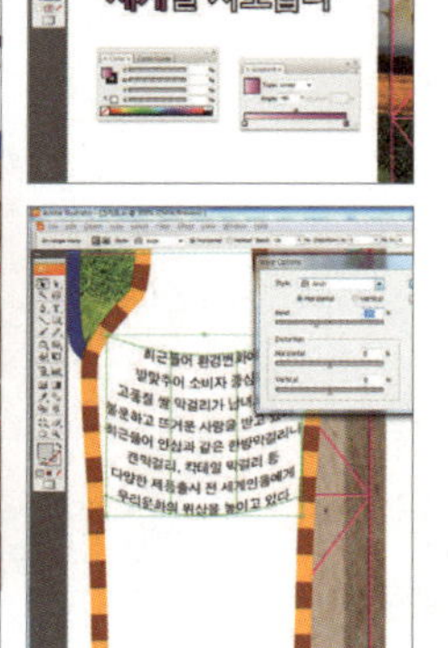

기출문제8회–일러스트–06–텍스트정리하기

08 국자 만들기

Pen Tool로 국자의 형태를 드로잉 합니다. 지시문대로 색상을 적용하면서 앞뒤 순서를 정돈합니다. 국자의 왼쪽에 물방울 모양을 드로잉 한 후 축소/복사하여 색상과 위치를 맞추고 Blend Tool을 이용하여 7단계의 변형과정을 표현합니다. Blend 명령을 실행한 후에도 색상과 위치의 수정이 가능하므로 Blend를 적용하였을 때 물방울 위의 뾰족한 부분이 많이 튀어나오면 포인트의 위치를 조절하여 수정합니다.

확인사항

❶ Pen Tool로 원하는 형태를 드로잉 할 수 있는가?
❷ Blend Tool의 옵션을 수정하여 오브젝트 사이에 단계를 결정할 수 있는가?

기출문제8회–일러스트–07–국자만들기

09 포토샵으로 오브젝트 가져오기 1

포토샵 파일을 열고 일러스트레이터에서 만든 오른쪽의 큰 병을 가져옵니다. 새 레이어를 만들고 병 내부에 무지개색 그러데이션을 채우고 Warp를 사용하여 아래로 휘는 형태를 만듭니다. 병 내부의 그림자를 표현하기 위해 새 레이어를 하나 더 만들고 아무 색이나 채웁니다. Fill을 0%로 낮추고 Layer Style의 **Inner Shadow**를 적용합니다. 가운데에 있는 병을 가져와서 적당한 위치에 배치하고 병 내부를 삭제합니다. 보리 이미지를 복사하여 <u>Image〉Adjustments〉Treshold 메뉴</u>를 적용합니다. 제일 작은 병을 가져와 크기와 위치를 조절하고, '2012_4'를 복사해서 병의 안쪽에 보이도록 합니다. 이미지에는 <u>Filter〉Artistic〉Cutout 메뉴</u>를 적용하여 디테일을 단순화시키고 **Warp** 명령으로 아래로 휜 형태를 만듭니다. 구름 문양을 가져와 위치와 크기를 조절합니다. 새 레이어를 추가하여 병 아래쪽에 검은색 타원을 만들고, Blur/Noise를 적용하여 그림자를 표현합니다.

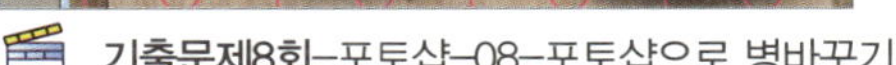

기출문제8회-포토샵-08-포토샵으로 병바꾸기

10 포토샵으로 오브젝트 가져오기 2

Ps CS3 영문

새 레이어를 만들고 Pen Tool로 화면 상단에 물방울 모양을 드로잉 합니다. 무지개색 그러데이션을 적용하고 Layer Style의 **Bevel and Emboss**를 적용하여 입체감을 표현합니다. 구름문양과 글자를 가져와서 물방울 형태의 내부에 배치합니다. 화면 하단에 글자(한자와 내용)를 가져와서 그림자 처리를 하고, 국자를 가져와서 우측 하단에 배치합니다. 국자 위에는 Blend로 만들어진 물방울을 배치하고 **Outer Glow**를 적용하여 발광효과를 표현합니다. 국자 레이어를 하나 더 복사해서 검은색으로 채우고 각도를 조절해 그림자 형태를 만듭니다. Blur 필터를 적용하여 번지게 만듭니다. 포토샵 <u>File〉Save as 메뉴</u>를 선택하여 파일명은 본인의 비번호를 입력하고 **JPEG형식**을 선택합니다.

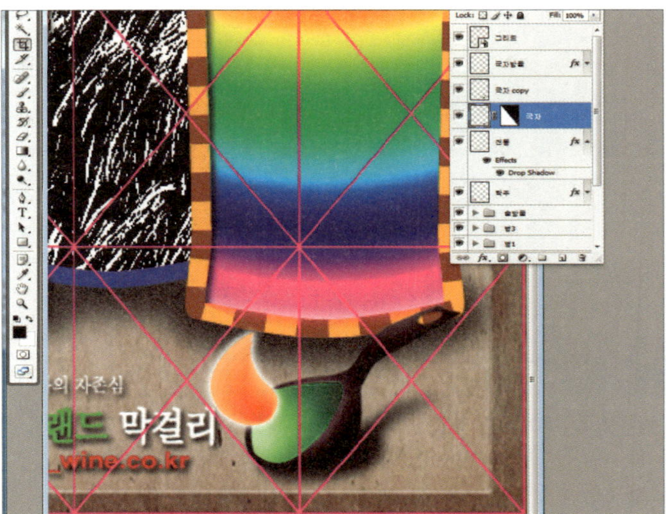

기출문제8회-포토샵-09-포토샵으로 복사하기

11 인디자인에서 마무리하기

ID CS3 영문

인디자인을 실행하여 새 작업창 Ctrl+N을 열고 'A4' 규격을 선택한 다음 여백을 모두 0mm로 지정합니다. Rectangle Tool을 선택하여 가로 폭×세로 폭 (160×210mm)의 수치를 입력합니다. <u>File〉Place 메뉴</u>로 저장해 둔 JPEG 파일을 가져옵니다. 다시 한 번 Rectangle Tool을 선택하여 가로 폭×세로 폭(166×216mm)의 수치를 입력한 후 두 사각형을 모두 선택하여 Align 패널의 맞춤대상을 'Align to Page'을 선택한 다음 수평/수직 모두 가운데 정렬로 페이지 가운데에 배치합니다. '작품 외곽선을 표현하라'는 지시문대로 안쪽의 사각형에 '1pt' 테두리를 지정합니다.

기출문제8회-인디자인-10-재단선만들기

2 재단선 만들기

안쪽 사각형의 왼쪽 상단 모서리를 원점으로 설정하고, 사각형의 네 모서리 바깥으로 길이 7mm, 두께 0.5pt의 재단선을 만듭니다. 재단선 작업을 할 때에는 안내선을 설정해두고 작업하는 것이 정확하며, 매번 선을 긋지 말고 가로/세로 재단선 한 세트를 복사해서 각 모서리에 배치하는 것이 빠릅니다. 좌측 하단에 프레임 상자를 만들고 '10pt 고딕' 계열의 서체로 비번호를 입력합니다.

기출문제8회–인디자인–10–재단선만들기

3 저장하고 프린트하기

인디자인에서의 작업이 완료되면 비번호를 파일명으로 지정하고 Save Ctrl + S 합니다. 감독관의 지시에 따라 인디자인 파일과 JPEG 파일이 저장된 폴더를 제출하고 프린터가 연결된 컴퓨터에서 인디자인 파일을 열어 A4 용지에 100% 크기로 프린트를 실행합니다. 프린트된 용지를 시험장에서 제공하는 A3 켄트지에 붙여서 제출합니다. 보통 감독관이 프린트 등의 제출과정을 대신 하지만 여러분이 직접 해야 할 수도 있으므로, 반드시 인디자인에서 프린트를 하는 연습을 해두어야 합니다.

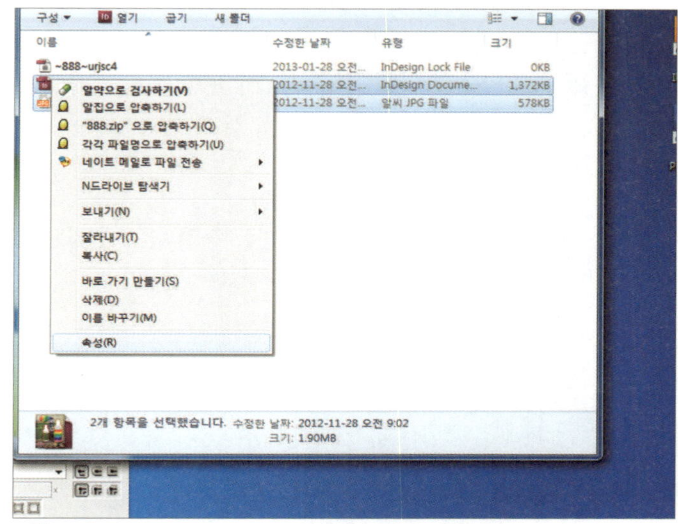

기출문제38회–인디자인–10–재단선만들기

컴퓨터그래픽스운용기능사 | 작품명 | 포스터디자인

01 화면설계기획서와 수험자료 검토하기

http://graphics.yoondle.com 동영상 강의 사이트에서 수험자료를 다운받고 압축을 풀어보면 '수험자료', '작업중', '결과물' 3개의 폴더가 있습니다. 시험장에는 수험생이 배정받은 PC의 바탕화면 등에 수험자료가 복사되어 있습니다. 작업과정에 사용할 이미지 파일이 모두 있는지 화면설계기획서와 비교하여 확인합니다. D나 E 드라이브에 작업용 폴더를 만들고, 수험자료 폴더도 복사합니다. 시험장에서는 재부팅 시 C 드라이브를 초기화하는 프로그램이 설치된 경우가 많습니다. 바탕화면이나 내 문서 등도 C 드라이브 영역이니 가능하면 다른 드라이브에서 작업하는 것이 바람직합니다.

확인사항

❶ 화면설계기획서와 수험자료를 충분히 검토하였는가?

❷ 작업순서를 예측하여 설계하고 시간을 분배하는 계획을 세웠는가?

❸ 수험자료 폴더와 작업용 폴더는 만일을 대비하여 D 드라이브에 생성하였는가?

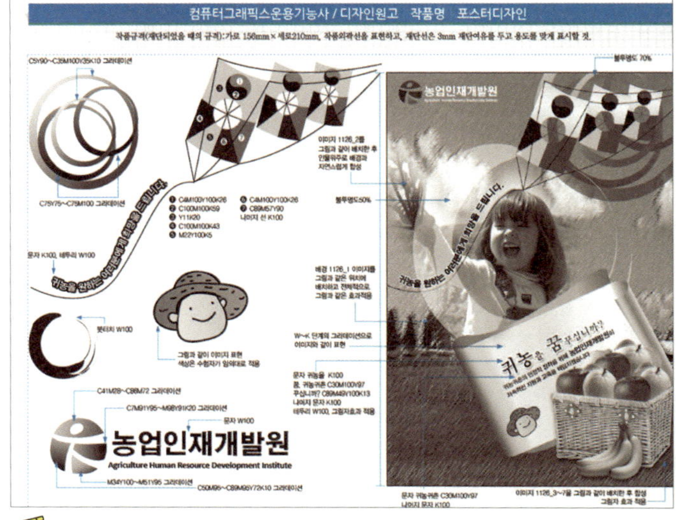

기출문제9회-01-화면설계기획서

02 작업기준 용도의 격자 만들기

Ai CS6 한글

화면설계기획서에 직접 30cm 자와 필기구로 가로/세로 4등분씩 격자를 그립니다. 일러스트레이터를 실행하여 새 작업창 Ctrl+N을 열고 화면설계기획서의 작품규격대로 가로 폭×세로 폭(156×210mm)을 설정하여 작업 파일을 생성합니다. 사각형격자 도구를 선택하고 화면을 클릭하여 가로/세로 폭을 작품규격대로 설정하고 3줄씩 분할자를 주어 4등분 된 격자를 만듭니다. 선 도구를 선택하여 각 격자의 모서리를 연결하는 사선을 긋습니다. D 드라이브의 작업용 폴더에 저장 Ctrl+S 합니다.

확인사항

❶ 30cm 자를 이용해서 화면설계기획서에 4등분 격자를 표시할 수 있는가?

❷ 일러스트레이터에서 지시문의 규격에 따라 새로운 작업창을 만들 수 있는가?

❸ 일러스트레이터에서 화면설계기획서와 같은 4등분 격자를 표시할 수 있는가?

❹ 작업용 폴더를 만들고 파일을 저장하였는가?

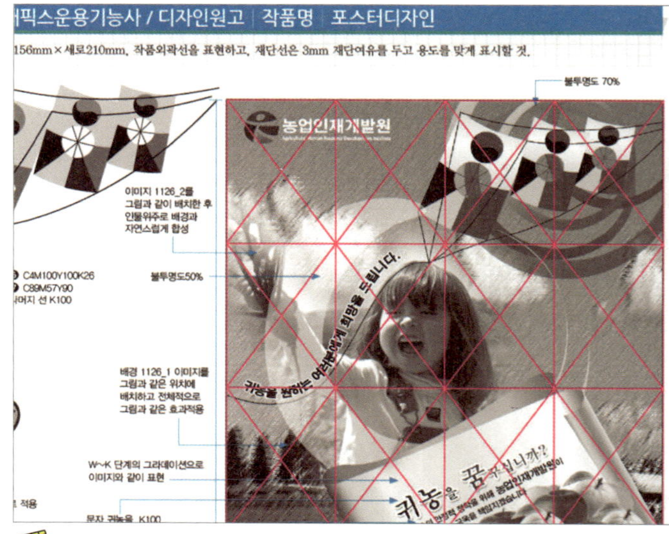

기출문제9회-일러스트-02-그리드만들기

03 포토샵 파일 생성 및 배경 이미지 만들기

포토샵을 실행하여 새 작업창(Ctrl+N)을 열고 재단선영역을 고려하여 지시문의
규격보다 **6mm씩 더한 가로 폭×세로 폭(162×216mm)의 크기**로 설정합니다.
해상도는 100으로 정하여 제출제한용량 3MB를 넘지 않도록 합니다. 일러스트레
이터에서 만든 격자를 복사(Ctrl+C)하여 포토샵의 작업창에 붙이기(Ctrl+V) 합니
다. 포토샵 파일도 작업용 폴더에 저장(Ctrl+S)합니다. '1126_1'의 초원 이미지
를 가져와서 화면설계기획서를 참고하여 위치/크기를 조절하고 배치합니다. **필
터〉예술 효과〉거친 파스텔 효과 메뉴**로 파스텔 느낌으로 표현합니다.

확인사항

❶ 재단선을 고려한 포토샵 파일 크기를 정하여 새 작업창을 만들 수 있는가?

❷ 화면설계기획서에 적용된 필터 효과를 파악할 수 있는가?

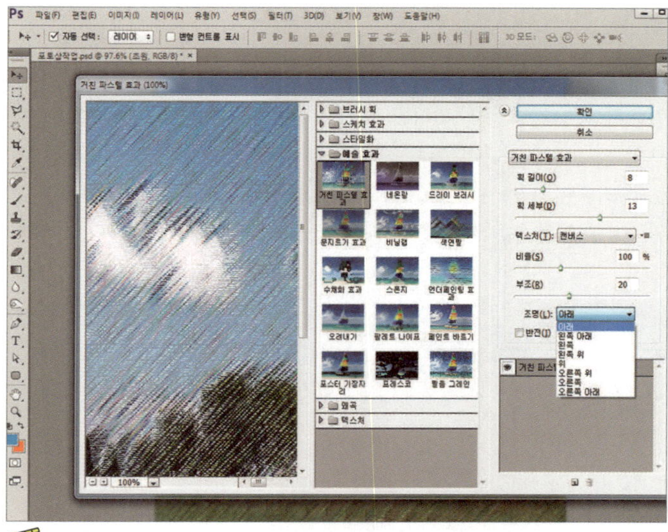

기출문제9회-포토샵-03-포토샵에서 배경작업하기

04 과일 바구니 합성하기

수험자료 폴더의 '1126_2' 이미지를 복사하여 작업창 화면 중앙에 적절한 크기
로 조절해서 붙인 후 올가미 도구의 페더 수치를 높여 가장자리를 부드럽게 만들
고 배경 영역을 선택하여 삭제합니다. 이미지 '1126_3'을 열어 자석올가미 도구
를 사용해 바구니 부분을 추출합니다. 바구니 이미지를 우측 하단에 배치하고 이
미지 '1126_4~6'의 과일들을 추출하여 서로 포개지도록 배열합니다. 바구니 레
이어를 과일 레이어 위로 이동하여 바구니 안쪽에 과일이 있는 것처럼 만들고,
레이어스타일의 **그림자 효과** 효과를 적용합니다. '1126_7'의 바나나를 추출하여
바구니의 앞 부분에 배치하고 **그림자 효과**를 적용합니다. 바구니와 과일 레이어
를 모두 선택하여 그룹으로 정리합니다.

확인사항

❶ 이미지의 가장자리를 부드럽게 처리하는 방법을 아는가?

❷ 이미지를 추출하는 다양한 선택 도구를 적절하게 판단하여 사용할 수 있는가?

기출문제9회-포토샵-03-포토샵에서 배경작업하기

05 원형 고리와 붓 터치 원 만들기

일러스트레이터를 실행하여 저장해 둔 '그리드 파일'을 엽니다. 작업한 '포토샵'
파일을 가져와서 중앙에 배치합니다. 새 레이어를 추가하고 크기가 다른 두 개의
원을 어긋나게 배치하여 패스파인더를 이용하여 고리 형태를 만듭니다. 화면설
계기획서의 지시문대로 그러데이션 색상을 적용하고 방향을 조절하여 완성합니
다. 고리를 세 개 더 복사하여 크기를 조절하고, 서로 교차시킵니다. 새로운 원
을 하나 만들고 브러시 패널의 '예술_잉크'의 '형광펜-거칠게' 브러시를 선택하
여 원의 테두리에 적용합니다. 브러시 옵션창에서 폭 수치를 높여 두꺼운 붓 터
치 느낌을 표현합니다.

확인사항

❶ 그러데이션 색상을 등록하고 단계를 표현할 수 있는가?

❷ 브러시의 옵션 조절로 원하는 붓 터치 느낌을 표현을 할 수 있는가?

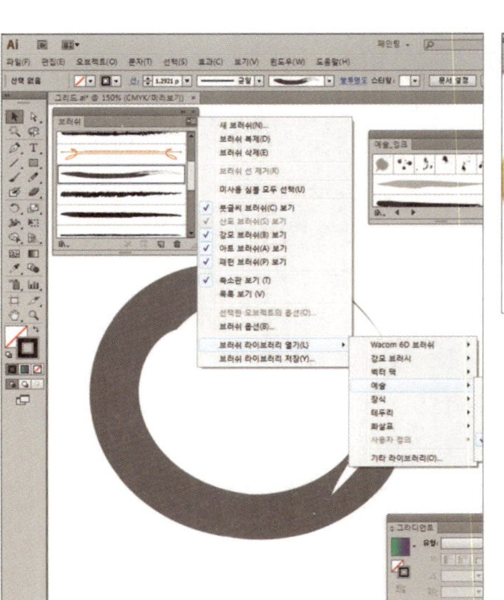

기출문제9회-일러스트-04-원고리와 붓터치원만들기

06 농업인재개발원 로고 만들기

Ai CS6 한글

원을 그리고 내부에 교차하는 선들을 펜 도구를 이용하여 드로잉 합니다. 패스파인더의 **나누기** 기능을 활용해 모양을 분리하고 필요 없는 부분은 삭제합니다. 내부의 상단에는 작은 타원을 만들어 분리하고 내부의 원을 삭제합니다. 지시문대로 그러데이션 색상을 적용합니다. 마크 옆에 글자를 입력합니다. '농업인재개발원' 글자의 두께를 적절히 조절해 굵기를 표현하고, 영문은 크기와 자간을 조절하여 위의 글자와 폭을 맞춥니다.

확인사항

❶ 기본 도형을 분리하여 필요한 형태를 만들 수 있는가?

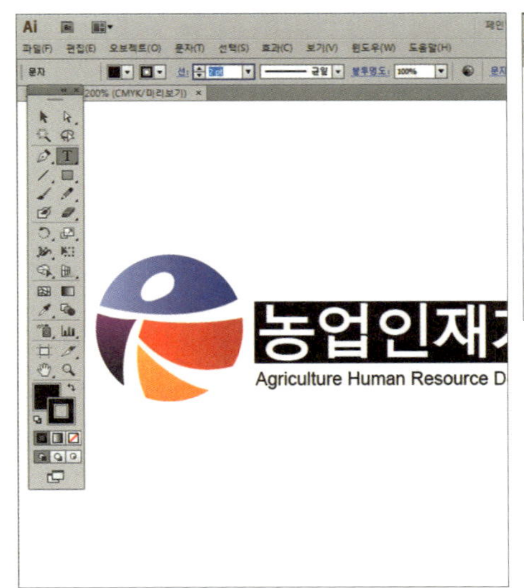

🎞 기출문제9회-일러스트-05-농업인재개발원로고만들기

07 말린 종이, 캐릭터 작업하기

Ai CS6 한글

'말린 종이 모양'을 펜 도구로 드로잉 합니다. 색상을 적용할 부분을 고려하여 적절히 형태를 나누어 면을 만들고, 그러데이션으로 명암을 표현합니다. 브러시 도구를 이용하여 농부 캐릭터를 드로잉 합니다. 브러시로 드로잉 한 결과물은 면으로 만들어진 상태가 아니므로 라인을 확장하여 필요한 부분에 색상이 들어갈 수 있도록 조절하고 앞 뒤 순서를 정돈합니다. 말린 종이 위에 '귀농을 꿈꾸십니까?' 글자와 아랫줄의 내용을 입력합니다. 종이의 각도에 맞게 글자의 크기와 각도를 맞추고 지시문을 참고하여 색상을 지정합니다.

확인사항

❶ 말린 종이 느낌을 그러데이션으로 표현할 수 있는가?
❷ 브러시 도구를 이용하여 드로잉 하고 각 면에 색상을 적용할 수 있는가?

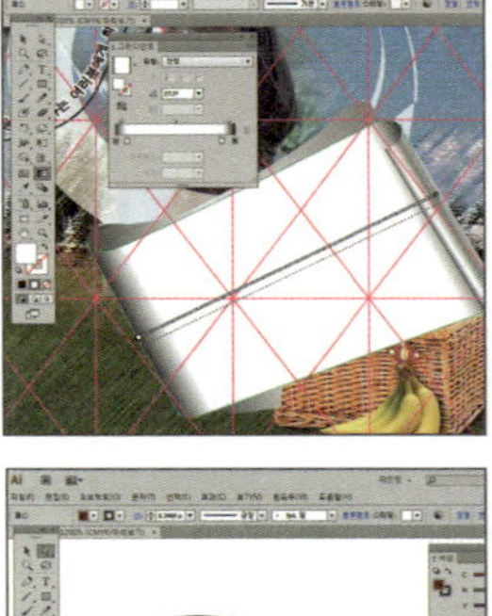

🎞 기출문제9회-일러스트-06-귀농을 꿈꾸는 농부 작업하기

08 방패연 만들기

Ai CS6 한글

사각형을 만들고 중심을 지나는 가로/세로선/사선을 그립니다. 중심에 맞춰 작은 원을 그리고 모두 선택하여 패스파인더의 **나누기** 명령을 실행합니다. 분리된 조각 중 원 부분을 제외한 상단은 모두 합쳐서 하나의 면으로 만들고 지시문의 색상을 적용합니다. 상단에는 원/선/패스파인더를 사용하여 태극 문양을 만듭니다. 아래로 휜 연의 형태를 표현하기 위하여 <u>**오브젝트〉둘러싸기 왜곡〉변형으로 만들기 메뉴**</u>의 스타일 '아치'를 설정합니다. 연을 두 개 더 복사하여 각도와 크기를 조절하고 배경이미지를 기준 삼아 위치를 맞춥니다. 연 아래의 선은 펜 도구를 이용해 그리고 선을 이용해 **패스 위의 문자 도구**를 사용하여 흐르는 문자를 입력합니다. 문자를 도형화하고 <u>**오브젝트〉패스〉패스 이동 메뉴**</u>로 확장 면을 만들고 흰색으로 바꾸어 흰 테두리를 표현합니다.

확인사항

❶ 기본 도형을 면과 선을 이용해 분리하여 복잡한 도형을 만들 수 있는가?
❷ 시험에 자주 출제되는 여러 형태의 태극문양을 만들 수 있는가?

🎞 기출문제9회-일러스트-07-연만들기

09 포토샵으로 오브젝트 가져오기

일러스트레이터에서 만든 농업인재개발원 로고를 복사 Ctrl+C 해서 포토샵 작업 창에 붙이기 Ctrl+V 하고 화면의 왼쪽 상단에 배치합니다. 우측 상단에 원형 고리를 가져와 크기와 위치를 수정하여 배치합니다. 방패연을 복사해서 배치하고 흐르는 문자는 따로 가져옵니다. 붓 터치 원 레이어는 불투명도를 50%로 설정하여 이미지를 흐릿하게 표현합니다. 말린 종이 오브젝트를 가져와서 과일바구니 레이어의 아래에 둡니다. '귀농을 꿈꾸십니까?' 글자는 따로 가져오고 레이어스 타일의 **획**과 **그림자 효과**를 적용하여 마무리합니다.

확인사항

❶ 레이어 패널에서 레이어들의 순서를 정리하며 원하는 효과를 표현할 수 있는가?

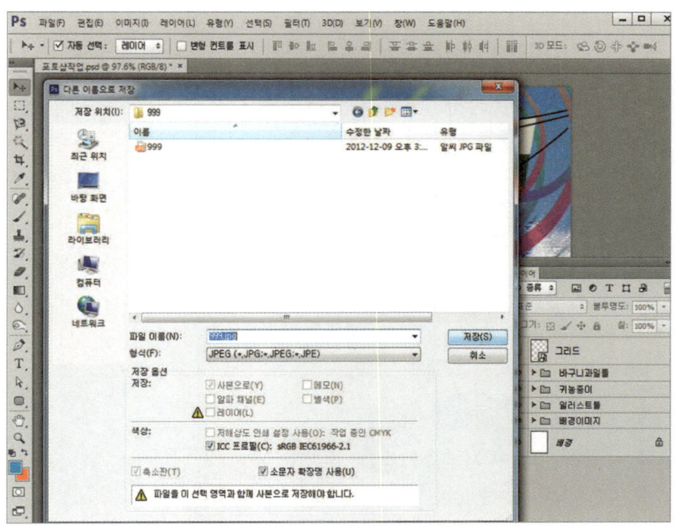

기출문제9회-포토샵-08-포토샵으로 복사하기

10 작업결과 저장하기

작업이 끝났으므로 포토샵 작업 파일을 마지막으로 Save Ctrl+S 하고, 다시 **파일 〉다른이름으로 저장 메뉴**를 선택하여 파일명은 비번호로 입력하고 **JPEG 형식**을 선택합니다. 옵션에서 품질을 '최고'로 설정하여 승인합니다. **반드시 jpg 파일로 저장하는 단계 이전에는 격자 레이어를 보이지 않게 해야 합니다.**

확인사항

❶ 인디자인으로 가져가기 위한 이미지 저장 방식을 알고 있는가?
❷ 시험감독관이 정해주는 위치에 폴더를 생성하고 파일을 저장할 수 있는가?

기출문제9회-포토샵-08-포토샵으로 복사하기

11 인디자인에서 마무리하기

인디자인을 실행하여 새 작업창을 Ctrl+N 열고 'A4 규격'을 선택한 다음 여백을 모두 0mm로 지정합니다. 사각프레임 도구를 선택하여 가로 폭×세로 폭 (162×216mm)의 수치를 입력합니다. **파일〉가져오기 메뉴**로 저장해 둔 JPEG 파일을 가져옵니다. 다시 한 번 사각프레임 도구를 선택하여 가로 폭×세로 폭 (156×210mm)의 수치를 입력한 후 두 사각형을 모두 선택하여 정렬 패널의 맞춤대상을 '페이지에 정렬'을 선택한 다음 수평/수직 모두 '가운데 정렬'로 페이지 가운데에 배치합니다. '작품 외곽선을 표현하라'는 지시에 따라 안쪽의 사각형의 테두리를 '검은색 1pt'로 지정합니다.

확인사항

❶ 인디자인에서 신규 파일의 크기를 설정하고 여백의 수치를 입력할 수 있는가?
❷ 원하는 크기의 프레임을 생성하고, 프레임에 이미지를 불러올 수 있는가?
❸ 정렬 패널을 사용하여 여러 오브젝트를 페이지의 가운데에 정렬시킬 수 있는가?

기출문제9회-인디자인-09-인디자인에서 재단선만들기

12 재단선 만들기

안쪽 사각형의 왼쪽 상단 모서리를 원점으로 설정하고, 사각형의 네 모서리 바깥으로 길이 7mm, 두께 0.5pt의 재단선을 만듭니다. 재단선 작업을 할 때에는 안내선을 설정해두고 작업하는 것이 정확하며, 매번 선을 긋지 말고 가로/세로 재단선 한 세트를 복사해서 각 모서리에 배치하는 것이 빠릅니다. 좌측 하단에 프레임 상자를 만들고 '10pt 고딕' 계열의 서체로 비번호를 입력합니다.

확인사항

❶ 좌표의 원점을 원하는 위치로 이동할 수 있는가?

❷ 단계 및 반복메뉴의 수치를 알맞게 지정하여 오브젝트 복제명령을 수행할 수 있는가?

기출문제9회–인디자인–09–인디자인에서 재단선만들기

13 저장하고 프린트하기

인디자인에서의 작업이 완료되면 비번호를 파일명으로 지정하고 저장 Ctrl + S 합니다. 감독관의 지시에 따라 인디자인 파일과 JPEG 파일이 저장된 폴더를 제출하고 프린터가 연결된 컴퓨터에서 인디자인 파일을 열어 A4 용지에 100% 크기로 프린트를 실행합니다. 프린트된 용지를 시험장에서 제공하는 A3 켄트지에 붙여서 제출합니다. 보통 감독관이 프린트 등의 제출과정을 대신 하지만 여러분이 직접 해야 할 수도 있으므로, 반드시 인디자인에서 프린트를 하는 연습을 해 두어야 합니다.

확인사항

❶ 작업 파일의 전체용량을 체크하는 방법을 아는가?

❷ 파일〉인쇄 메뉴를 사용하여 프린트를 할 수 있는가?

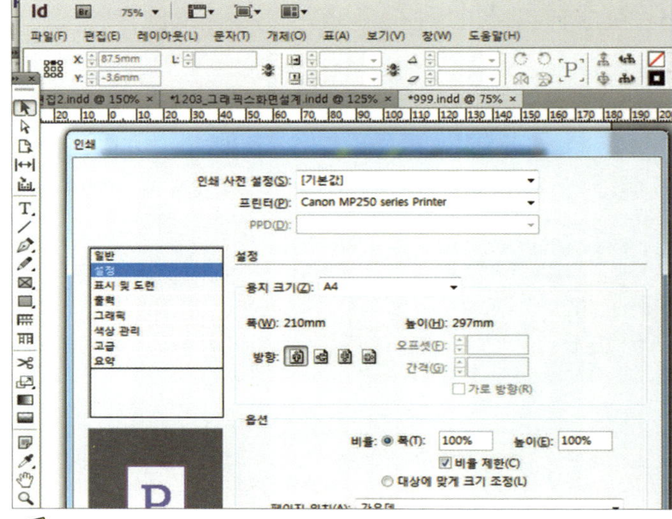

기출문제9회–인디자인–09–인디자인에서 재단선만들기

컴퓨터그래픽스운용기능사 │ 작품명 │ 광고디자인

01 화면설계기획서와 수험자료 검토하기

http://graphics.yoondle.com 동영상 강의 사이트에서 수험자료를 다운받고 압축을 풀어보면 '수험자료', '작업중', '결과물' 3개의 폴더가 있습니다. 시험장에는 수험생이 배정받은 PC의 바탕화면 등에 수험자료가 복사되어 있습니다. 작업 과정에 사용할 이미지 파일이 모두 있는지 화면설계기획서와 비교하여 확인합니다. D나 E 드라이브에 작업용 폴더를 만들고, 수험자료 폴더도 복사합니다. 시험장에서는 재부팅 시 C 드라이브를 초기화하는 프로그램이 설치된 경우가 많습니다. 바탕화면이나 내 문서 등도 C 드라이브 영역이니 가능하면 다른 드라이브에서 작업하는 것이 바람직합니다.

확인사항

❶ 화면설계기획서와 수험자료를 충분히 검토하였는가?
❷ 작업순서를 예측하여 설계하고 시간을 분배하는 계획을 세웠는가?
❸ 수험자료 폴더와 작업용 폴더는 만일을 대비하여 D 드라이브에 생성하였는가?

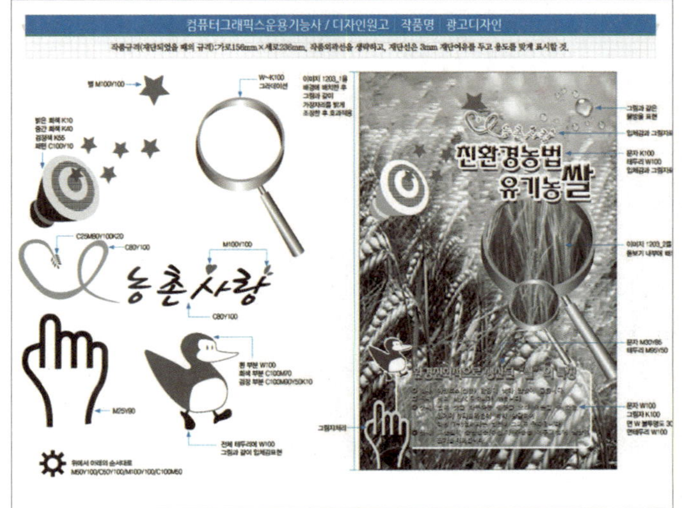

기출문제10회–01–화면설계기획서

02 작업기준 용도의 격자 만들기

Ai CS6 한글

화면설계기획서에 직접 30cm 자와 필기구로 가로/세로 4등분씩 격자를 그립니다. 일러스트레이터를 실행하여 새 작업창 Ctrl + N 을 열고 화면설계기획서의 작품규격대로 가로 폭×세로 폭(156×236mm)을 설정하여 작업 파일을 생성합니다. 사각형격자 도구를 선택하고 화면을 클릭하여 가로/세로 폭을 작품규격대로 설정하고 3줄씩 분할자를 주어 4등분 된 격자를 만듭니다. 선 도구를 선택하여 각 격자의 모서리를 연결하는 사선을 긋습니다. D 드라이브의 작업용 폴더에 저장 Ctrl + S 합니다.

확인사항

❶ 30cm 자를 이용해서 화면설계기획서에 4등분 격자를 표시할 수 있는가?
❷ 일러스트레이터에서 지시문의 규격에 따라 새로운 작업창을 만들 수 있는가?
❸ 일러스트레이터에서 화면설계기획서와 같은 4등분 격자를 표시할 수 있는가?
❹ 작업용 폴더를 만들고 파일을 저장하였는가?

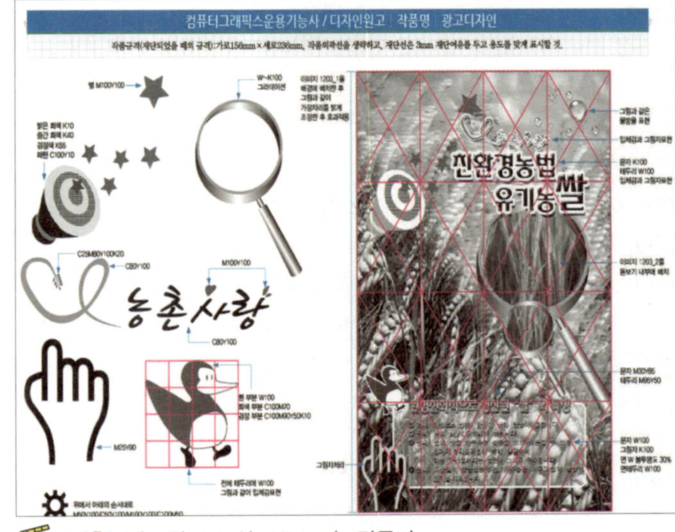

기출문제10회–포토샵–02–그리드만들기

03 포토샵에서 배경 이미지 만들기

포토샵에서 새 작업창 Ctrl+N 을 열고 재단선 영역을 고려하여 지시문의 규격보다 **6mm씩 더한 가로 폭×세로 폭(162×242mm)의 크기**로 설정합니다. 해상도는 100으로 정하여 제출제한용량 3MB를 넘지 않도록 합니다. 일러스트레이터에서 만든 격자를 복사 Ctrl+C 하여 포토샵의 작업창에 붙이기 Ctrl+V 합니다. 포토샵 파일도 작업용 폴더에 저장 Ctrl+S 합니다. 수험자료 폴더의 이미지 '1203_1'을 가져와서 전체 배경으로 배치합니다. 올가미 도구의 페더 수치를 30px로 입력하고 우측 상단을 클릭합니다. 선택된 영역을 복사하여 새로운 레이어 Ctrl+J 를 만듭니다. 생성한 레이어를 선택한 상태에서 **곡선 조절레이어**를 이용하여 밝은 색조를 표현합니다. 계속해서 **필터>스타일화>바람 메뉴**로 오른쪽에서 왼쪽으로 바람 효과를 적용합니다. 효과가 약하게 표현될 때에는 필터를 반복 실행 Ctrl+F 합니다.

확인사항

❶ 필요한 영역을 선택하여 새로운 레이어로 만드는 방법을 알고 있는가?
❷ 조절레이어를 사용할 때 특정 레이어에만 적용되도록 할 수 있는가?

기출문제10회-포토샵-03-포토샵에서 배경만들기

04 투명한 물방울 만들기

새 레이어를 생성하고 화면 우측 상단에 작은 원을 만들어 아무 색을 채웁니다. 레이어 패널의 '칠'을 0%로 낮추고 레이어스타일에서 **경사와 엠보스**와 **그림자 효과**를 선택하여 크기와 모드를 조절합니다. 위에 새 레이어를 만들고 브러시 도구를 이용해 물방울 윗 부분의 투명한 느낌을 표현하고 아래쪽에는 그림자 위에 반사되는 느낌을 표현합니다. 물방울을 복사하여 크기를 다양하게 조절하면서 화면설계기획서를 참조하여 배치합니다. 물방울 레이어를 모두 하나의 그룹으로 정리합니다.

확인사항

❶ 브러시의 크기와 경도를 조절하여 원하는 형태를 드로잉 할 수 있는가
❸ 복잡한 레이어를 그룹으로 묶어서 정리할 수 있는가?

기출문제10회-포토샵-04-물방울 만들기

05 글자 배경 만들기

화면 하단에 **모서리가 둥근 직사각형 도구**를 사용하여 가로로 긴 사각형을 만듭니다. 흰색으로 면을 채우고 레이어의 불투명도를 30%로 낮추어 반투명하게 만듭니다. 새로운 레이어를 만들고 사각형 영역을 선택한 다음 **편집>획 메뉴**로 사각형의 바깥쪽으로 흰 테두리를 따로 만듭니다. 레이어의 불투명도는 한 번 만 지정할 수 있으며, 테두리의 상단 일부분을 제거해야 하므로 면과 테두리를 분리하여 작업해야 합니다.

확인사항

❶ 선택 영역의 크기만큼 테두리를 만들 수 있는가?

기출문제10회-포토샵-05-사각면만들기

06 팽이 만들기

일러스트레이터를 실행하여 저장해 둔 '그리드 파일'을 엽니다. 작업한 '포토샵' 파일을 가져와서 화면 중앙에 배치합니다. **극좌표 격자 도구**의 옵션에서 '동심분할자'를 3으로 설정해 동심원을 4개 만듭니다. **기울이기 도구**로 기울인 후 위치를 조절하며 동심원의 간격을 수정합니다. 펜 도구를 이용해 팽이의 몸체를 드로잉 하고 색상을 지정합니다. 상단에 별을 만들고 각도와 크기를 조절해서 여러 개를 배치합니다.

확인사항

❶ 극좌표 격자 도구의 옵션 설정을 이용하여 동심원을 만들 수 있는가?
❷ 겹쳐진 도형의 앞뒤 순서를 정돈하여 각각 색상을 적용할 수 있는가?

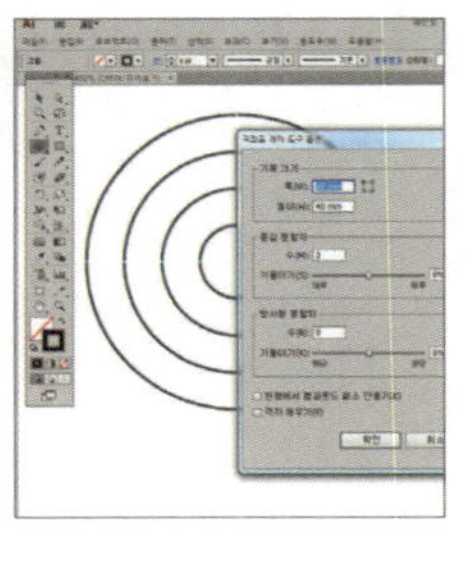

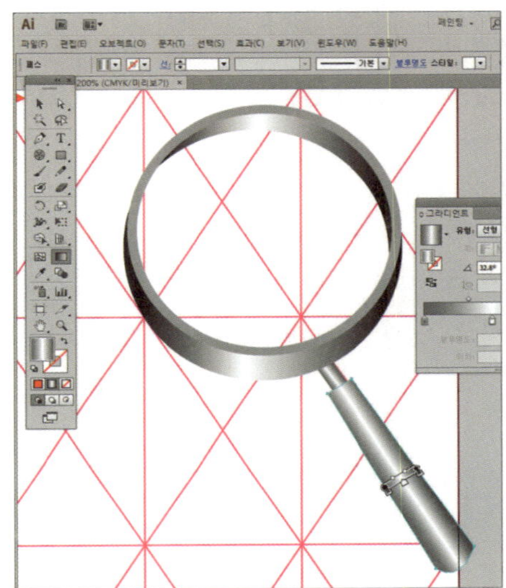

기출문제10회–일러스트–06–팽이만들기

07 돋보기 만들기

서로 다른 크기로 세 개의 원을 만들고, 교차 배치하여 패스파인더의 **나누기**로 필요 없는 부분을 삭제하고 불필요하게 조각난 부분은 다시 **합치기** 명령으로 형태를 정리합니다. 손잡이와 돋보기 연결 부분은 사각형으로 만들고 펜 도구로 손잡이를 만듭니다. 흑백의 그러데이션으로 돋보기를 채색합니다.

확인사항

❶ 패스파인더로 형태를 정리하며, 오브젝트 면의 분할/합침 작업을 할 수 있는가?
❷ 그러데이션으로 입체감을 표현할 수 있는가?

기출문제10회–일러스트–07–돋보기만들기

08 손모양 만들기

모서리가 둥근 사각형 도구를 사용하여 사각형을 만들고 면의 색상을 '없음', 테두리의 두께는 적당히 조절한 후 흰색으로 설정합니다. 세 개를 더 복사하여 나란히 배치하고 하단의 포인트를 삭제하여 손가락 형태를 표현합니다. 펜 도구를 사용하여 엄지손가락 부분과 손의 가장자리를 드로잉 합니다. 포토샵에서 작업한 흰색 배경 위에 내용을 입력하고, 문자의 크기와 자간을 조절하여 정리합니다. 윗부분의 두꺼운 헤드라인 계열의 서체는 돋움체를 사용하되 글자의 두께를 조절하고 **모양확장** 명령으로 형태를 단순화합니다. 다시 한 번 테두리의 두께를 설정하여 지시문대로 면과 테두리의 색상을 지정합니다. 각 문장의 앞부분에는 원을 하나 만들고 상단에 짧게 선을 그립니다. 회전도구로 원의 둘레에 8개의 선을 만듭니다. '첫째!'부터 '넷째!'까지 글 앞부분에 배치하고 지정된 색상을 적용합니다.

확인사항

❶ 기본 도형에서 포인트를 삭제하여 필요한 형태를 표현할 수 있는가?
❷ 글자를 굵게 만들고 이중 테두리를 적용할 수 있는가?

기출문제10회–일러스트–08–손모양만들기

09 오리 일러스트

화면설계기획서의 오리 이미지를 가로/세로로 분할하여 격자를 표시하고, 일러스트레이터에서도 같은 크기의 격자를 만듭니다. 격자의 위치를 기준삼아 펜 도구를 이용하여 오리 형태를 드로잉 합니다. 오리의 눈은 작은 타원으로 표현하고 색상을 지시문대로 지정하여 마무리합니다.

확인사항

❶ 비정형적인 오브젝트를 격자를 기준으로 드로잉 할 수 있는가?

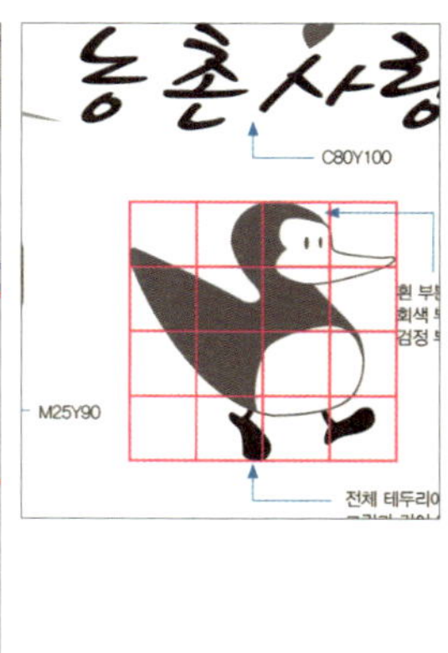

기출문제10회-일러스트-09-오리만들기

10 농촌사랑 CI 만들기

펜 도구를 사용해 라인을 드로잉 합니다. 왼쪽 끝 부분에 작은 타원을 만들고 양쪽으로 복사하여 벼 형태를 표현합니다. 손글씨체를 찾아서 내용을 입력하고, 만일 해당 서체가 없다면 브러시로 직접 드로잉 하여 문자를 표현합니다. 브러시 옵션의 각도와 크기를 적절하게 조절하면 유사하게 손글씨 느낌으로 표현할 수 있습니다. 특수문자를 사용하여 '사' 위에 하트 모양을 만듭니다. '랑' 위에는 두 개의 타원을 그려서 농촌사랑 CI를 마무리합니다.

확인사항

❶ 곡선의 핸들을 조정하여 오브젝트의 형태를 수정할 수 있는가?
❷ 특수문자를 입력하는 여러 가지 방법을 알고 있는가?

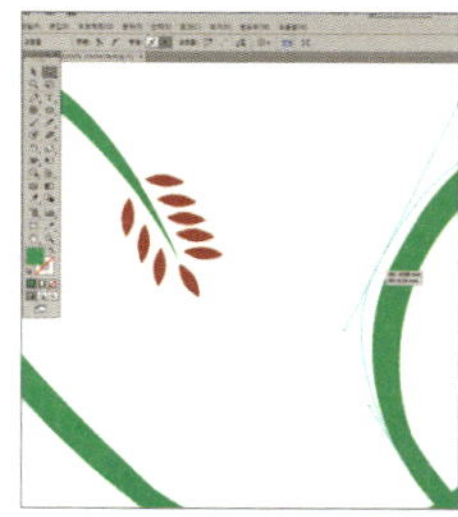
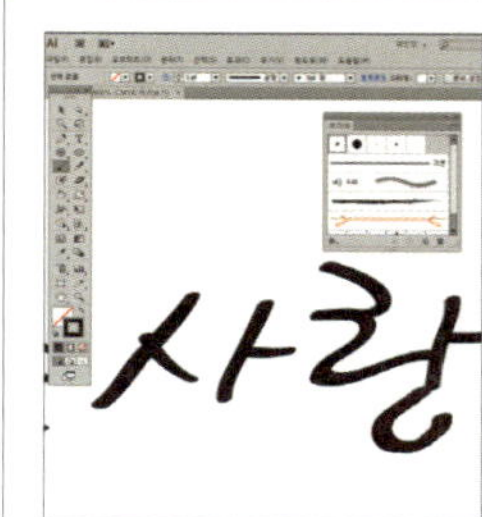

기출문제10회-일러스트-10-농촌사랑로고만들기

11 입체패턴 제작 및 오브젝트 정리하기

포토샵 작업창에 일러스트레이터에서 만든 팽이를 가져옵니다. 포토샵에서 새 작업창을 열고 폭×높이(5×5mm)의 수치를 입력해서 신규 파일을 생성합니다. 전체 화면에 C100Y10의 색을 칠하고 배경 레이어를 일반 레이어로 변환해 레이어스타일의 **경사와 엠보스** 효과를 적용합니다. 레이어 패널의 옵션에서 **레이어 스타일 래스터화** 명령을 실행하여 레이어스타일 효과를 일반 이미지 레이어로 변경합니다. **패턴>패턴 정의 메뉴**를 선택하여 입체 사각형을 패턴으로 등록합니다. 다시 원래의 작업창으로 돌아와서 팽이에 패턴을 적용할 부분을 자동 선택 도구로 클릭하여 선택영역으로 만듭니다. 선택 영역을 새 레이어로 복사 Ctrl + J 하고 레이어스타일의 **패턴오버레이**에서 등록해 둔 입체 사각패턴을 적용합니다. 돋보기를 가져와서 위치와 크기를 조절하고 이미지 '1203_2'를 돋보기 내부에 보이도록 배치합니다. 이미지와 돋보기를 함께 복사하여 크기와 위치를 조절하여 배치합니다.

확인사항

❶ 포토샵에서 패턴을 만들어 등록하고 적용하는 방법을 알고 있는가?
❷ JPEG형식으로 저장할 수 있는가?

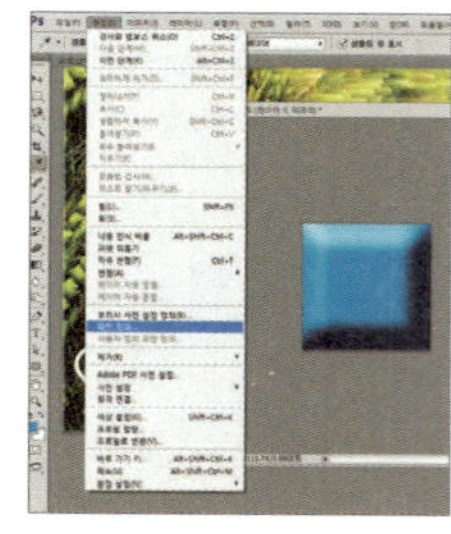

기출문제10회-포토샵-11-패턴만들고 이미지 정리하기

12 포토샵으로 오브젝트 가져오기

농촌사랑 CI 작업물을 복사 `Ctrl`+`C` 하고 포토샵 작업창의 지정된 위치에 붙이고 `Ctrl`+`V` 크기와 각도를 맞춰 정리합니다. 레이어스타일의 **획**을 사용하여 테두리를 만들고 **그림자 효과**와 **경사와 엠보스**를 적용하여 입체감과 그림자를 표현합니다. 손 오브젝트를 가져와서 **그림자 효과**를 적용하고, 손 아래 겹쳐 있는 흰색 사각형의 일부분을 선택하여 삭제하고, 나머지 문자들도 가져와서 **그림자 효과**를 적용합니다. 오리 오브젝트를 복사하여 흰색 사각형의 좌측 상단에 배치하고 레이어스타일의 **획**과 **경사와 엠보스**를 적용해서 테두리와 입체감을 표현합니다.

확인사항

❶ 일러스트레이터의 작업한 이미지를 포토샵으로 가져와서 화면설계기획서의 지시문 내용에 따라 크기와 위치를 조절하여 배치할 수 있는가?

❷ 레이어스타일의 여러 가지 스타일 종류를 파악하고, 적절하게 사용할 수 있는가?

기출문제10회–포토샵–12–포토샵으로 복사하기

13 타이틀 만들기

농촌사랑 CI의 아랫 부분에 '친환경농법 유기농쌀' 글자를 두 줄로 입력합니다. 포토샵에서는 굵은 문자와 테두리를 모두 표현하기 위해서 **편집>획 메뉴**를 선택해 글자의 두께에 맞는 수치를 입력하고 레이어스타일의 **획**의 옵션을 조절하여 테두리를 표현합니다. **그림자 효과**와 **경사와 엠보스**를 모두 적용하여 타이틀을 완성합니다.

확인사항

❶ 포토샵에서 문자 두께를 조절하고 레이어스타일을 이용해 굵은 문자를 만들 수 있는가?

기출문제10회–포토샵–13–타이틀만들기

14 인디자인에서 마무리하기

인디자인실행하여 새 작업창 `Ctrl`+`N` 을 열고 'A4 규격'을 선택한 다음 여백을 모두 0mm로 지정합니다. 사각프레임 도구를 선택하여 작품규격 가로 폭×세로 폭 (162×242mm)의 수치를 입력합니다. **파일>가져오기 메뉴**로 저장해 둔 JPEG 파일을 가져옵니다. 다시 한 번 사각프레임 도구를 선택하여 가로 폭×세로 폭 (156×236mm)의 수치를 입력한 후 두 사각형을 모두 선택하여 정렬 패널에 맞춤대상을 '페이지에 정렬'을 선택한 다음 수평/수직 모두 '가운데 정렬'로 페이지 가운데에 배치합니다. '작품 외곽선을 생략하라'는 지시문에 따라 안쪽 사각형의 테두리를 'None'으로 지정합니다.

확인사항

❶ 인디자인에서 신규 파일의 크기를 설정하고 여백의 수치를 입력할 수 있는가?

❷ 원하는 크기의 프레임을 생성하고, 프레임에 이미지를 불러올 수 있는가?

❸ 정렬 패널을 사용하여 여러 오브젝트를 페이지의 가운데에 정렬시킬 수 있는가?

기출문제10회–인디자인–14–재단선만들기

15 재단선 작업 및 저장, 프린트하기 Id CS6 한글

안쪽 사각형의 왼쪽 상단 모서리를 원점으로 설정하고, 사각형의 네 모서리 바깥으로 길이 7mm, 두께 0.5pt의 재단선을 만듭니다. 재단선 작업을 할 때에는 안내선을 설정해두고 작업하는 것이 정확하며, 매번 선을 긋지 말고 가로/세로 재단선 한 세트를 복사해서 각 모서리에 배치하는 것이 빠릅니다. 좌측 하단에 프레임 상자를 만들고 '10pt 고딕' 계열의 서체로 비번호를 입력합니다.

인디자인에서의 작업이 완료되면 비번호를 파일명으로 지정하고 Save Ctrl+S 합니다. 감독관의 지시에 따라 인디자인 파일과 JPEG 파일이 저장된 폴더를 제출하고 프린터가 연결된 컴퓨터에서 인디자인 파일을 열어 A4 용지에 100% 크기로 프린트를 실행합니다. 프린트된 용지를 시험장에서 제공하는 A3 켄트지에 붙여서 제출합니다. 보통 감독관이 프린트 등의 제출과정을 대신 하지만 여러분이 직접 해야 할 수도 있으므로, 반드시 인디자인에서 프린트를 하는 연습을 해두어야 합니다.

기출문제10회-인디자인-14-재단선만들기

문제풀이 과정에 질문이 있거나 진로에 대한 멘토링이 필요하다면!

비교적 긴 글이라면 메일로 차근차근 정리해서 보내주세요. ssym4@daum.net
글로 설명하기 어려운 내용이라면 사진이나 동영상 첨부가 간단한 카톡으로! 카톡아이디 ssym4
진로나 고민상담 등 디자인에 관한 멘토링이 필요하다면 페이스북으로~
http://www.facebook.com/yoondledotcom

윤들닷컴에 동참하고 싶은 양심 있는 저자를 모십니다!

윤들닷컴은 단지 지식만 전달하는 책을 만드는 출판사에 머물고 싶지 않습니다. '가르치는 일에 두려움'을 가지고 항상 '경건한
마음가짐'으로 '후학 양성에 사명감이 투철'한 '양심 있는 저자'를 윤들닷컴의 집필진으로 모십니다.

1. 실무경력 2년 이상 : 눈물 쏙 빼고 밑바닥부터 올라오신 분
2. 강의경력 1년 이상 : 강의 시간이 늘 설레고 행복하신 분, 하지만 수업에 두려움을 가지신 분
3. 일생에 한 번, 자신의 이름을 걸고 세상에 책 한권 남기고 싶은 간절한 마음이 있으신 분
4. 자신의 업무와 관련된 분야의 서적을 보고 실망하거나 열 받으신 분

윤들닷컴에서는 삼고초려의 마음으로 위 조건에 해당되는 뜻 있는 저자님을 모십니다.
처음 집필이라 어려워하지 마세요. 윤들닷컴에서는 처음 집필하시는 초보 저자님께 윤들쥔장이 직접 모든 집필과정을 인큐베이팅
해드립니다.

시험대비 저자직강 세미나 신청하세요!!

최근 들어 시험대비 특강 요청 문의가 부쩍 많아졌네요. 주중이나 주말에 미리 신청하시면 하루 8시간 총정리 특강으로 시험대비 세미나를
해드립니다. 단, 8시간 동안 멍하니 스크린만 보고 있으면 안 되겠죠? 세미나 신청을 하시는 분은 프로젝트가 준비된 강의장을 준비해주시
고, 세미나에 참여하시는 분들은 각자 노트북을 준비해주세요. 물론 실습용 컴퓨터가 준비가 갖추어진 강의장이면 좋겠지만, 프로그램 설치
하고 뭐하고 하다보면 시간 다 갑니다. 강의비용이나 신청방법 등 자세한 내용은 메일로 문의하세요. orangeki@naver.com 메일 제목은
"세미나 신청문의"로 해주시면 됩니다. 윤들쥔장이 집필하거나 감수한 웹디자인기능사 / 컴퓨터그래픽스운용기능사 / 멀티미디어콘텐츠제
작전문가/컬러리스트 기사 · 산업기사 시험대비 총정리 세미나 중 원하시는 시험과목을 신청해주시면 됩니다.

자격증 구분	신청기간	세미나 가능기간	최소 인원
웹디자인기능사	시험일 일주일 전 마감	주말	10
컴퓨터그래픽스운용기능사	시험일 일주일 전마감	주말	10
멀티미디어콘텐츠제작전문가	시험일 일주일 전 마감	주말	10
컬러리스트 기사 · 산업기사	시험일 일주일 전 마감	주말	10

신청을 먼저 하신 단체를 우선으로 세미나 스케줄이 배정됩니다. 컬러리스트의 경우 실습장에 작업용 테이블이 구비되어 있어야 하며, 재료는 본인이 직접 준비해야 합니다

컴퓨터그래픽스운용기능사 실기시험 대비수험서
윤들쥔장과 컴퓨터그래픽스운용기능사 비밀과외 2390

지은이 | 이동윤 · 박신영 · 윤들닷컴수험서개발팀
펴낸이 | 이동윤
펴낸곳 | (도서출판) 윤들닷컴
유 통 | 가나북스 031-408-8811
주 소 | 제주특별자치도 제주시 동광로 10길 8, 2층동, 1호
메 일 | orangeki@naver.com
등 록 | 제 651-2012-000004호
정 가 | 25,000원
I S B N | 978-89-969023-2-4

기획/편집 | 이동윤
표지/본문 및 편집디자인 | 이동윤 · 박신영
초판 1쇄 | 2013년 3월 20일

이책에 대한 의견이 있거나 오탈자, 잘못된 내용이 있으면 아래의
연락처에 의견을 남겨주시면, 독자님의 의견을 성실히 반영하도록
노력하겠습니다. 잘못된 책은 구입하신 서점에서도 교환이 가능합니다.
http://graphics.yoondle.com
orangeki@naver.com